WESTEND

CAITLIN JOHNSTONE

Kleines Erste-Hilfe-Büchlein gegen Propaganda

Wie wir unseren Verstand in einer verrückten Welt bewahren können

Mit einem Vorwort von Rainer Mausfeld

Aus dem Englischen von Yuki Tochigi

Alle Artikel sind zunächst auf Englisch auf dem Blog der Autorin erschienen. Sie sind online abrufbar unter: https://caitlinjohnstone.com/.

Mehr über unsere Autoren und Bücher:
www.westendverlag.de

Die Deutsche Nationalbibliothek verzeichnet diese Publikation in der Deutschen Nationalbibliografie; detaillierte bibliografische Daten sind im Internet über http://dnb.d-nb.de abrufbar.

FSC
www.fsc.org
MIX
Papier | Fördert gute Waldnutzung
FSC® C014889

ISBN 978-3-86489-428-2

Übersetzung: Yuki Tochigi
Redaktionelle Mitarbeit: Lyudmila Zinner
Umschlaggestaltung: Westend Verlag, Frankfurt am Main
Druck und Bindung: Pustet, Regensburg
Printed in Germany

Inhalt

Vorwort zur deutschen Ausgabe

Die Beeinflussung unserer Gesellschaft durch Propaganda ist ein zentrales – vielleicht das bedeutendste – Thema unserer Zeit. Denn wenn der gesamte Denkraum manipulativ verzerrt und verdreht ist, werden auch geeignete politische Lösungen für drängende gesellschaftliche Probleme im Wortsinn undenkbar. Die australische Journalistin Caitlin Johnstone stellt sich in ihren kämpferischen und mutigen Texten den Propagandisten dieser Welt entgegen. Unermüdlich und furchtlos schreibt sie über aktuelle Entwicklungen, fühlt falschen oder verdrehten Meldungen auf den Zahn, berichtet und analysiert.

Johnstone nimmt zuvorderst die US-amerikanische Öffentlichkeit ins Visier, ihre messerscharfen Analysen gelten jedoch gleichermaßen für den gesamten westlichen Raum, da diese Manipulationstechniken und Medienstrategien derselben langen Tradition einer Demokratieabwehr entspringen. Wo Sheldon Wolin davon spricht, dass der Geist der Bürger in einem »hermetisch abgeriegelten Gewölbe eingeschlossen« sei, spricht Johnstone vom »Rand der narrativen Matrix«, den sie unbeirrbar zu überwinden sucht.

Lesen Sie gründlich und nehmen Sie diese klugen und scharfsinnigen Texte zum Anlass, mit verstärkter Wachsamkeit und neuer Lust auf Veränderung in die Welt zu treten!

Rainer Mausfeld, 8. August 2023

1
Westliche Nachrichtenmedien existieren, um Propaganda zu verbreiten

20. Mai 2023

Das am meisten übersehene und unterschätzte Phänomen in unserer Gesellschaft ist die Art und Weise, wie einheimische Propaganda dazu benutzt wird, die Wahrnehmung und das Denken der westlichen Bevölkerung über ihre Welt zu formen.

Normalerweise hört man das Wort »Propaganda« im Mainstream-Diskurs nur, wenn es um Dinge geht, die andere Länder ihren eigenen Bürgern antun oder Teil ausländischer Beeinflussungsoperationen sind, obwohl in der überwältigenden Mehrheit der Fälle, in denen wir in unserem täglichen Leben Propaganda erlebt haben, der Anruf aus dem eigenen Haus kam.

Die westlichen Medien haben in letzter Zeit ihre Rolle als Propagandisten für das zentralisierte US-Imperium mehr als sonst offengelegt. Hier sind einige aktuelle Beispiele.

Massenmedien verteidigen aggressiv die imperiale Propagandafirma Bellingcat

Westliche Medien haben sich selbst überschlagen, um Elon Musks wiederholte Kommentare zu verurteilen, in denen er das vom Imperium finanzierte Recherchenetzwerk Bellingcat beschuldigt, »Psyops«[1] zu betreiben. Gemeint sind damit die Teilbereiche der psychologischen Kriegsführung, die in Konflikten des Kalten Krieges zwischen Atommächten, die sich nicht direkt gegenübertreten können, immer wichtiger werden. Eine Anschuldigung, die, wie

Bild 1

Aaron Maté für The Grayzone erklärt,[1] völlig angemessen und richtig ist. Bellingcat wird von westlichen Regierungen dafür bezahlt, das Informations-Ökosystem so zu manipulieren, dass es den Interessen des westlichen Imperiums dient, was genau das ist, was psychologische Kriegsführung[2] ausmacht.

Diese offensichtliche Tatsache hat die Massenmedien, die Bellingcat in ihrer Berichterstattung häufig zitieren, nicht davon abgehalten, die Institution zu verteidigen. Aric Toler von Bellingcat wurde in die MSNBC-Sendung »All In with Chris Hayes« eingeladen[3], um die Einrichtung zu verteidigen, ohne dass seine Aussagen auch nur im Geringsten infrage gestellt wurden, und Mainstream-Politiker wie Jake Tapper von CNN erklärten die Propagandaeinrichtung auf Twitter zu einem Leuchtturm der journalistischen Integrität.[4]

»Bellingcat ist eine großartige journalistische Organisation«, tweetete Tapper. »Umgekehrt verlinkte Musk einmal einen verrückten Artikel über Paul Pelosi im *Santa Monica Observer,* einer Website, die 2016 behauptete, Hillary Clinton sei gestorben und durch ein Körperdouble ersetzt worden.«

Umgekehrt hat Tapper einmal getwittert, dass jeder, der sich

---

1 https://thegrayzone.com/2023/05/19/elon-musk-bellingcat-western-psy-op/
Alle Quellen werden zusätzlich auf der Internetseite des Verlages zur Verfügung gestellt.

für den Krieg in Syrien interessiert, Bana Alabed folgen sollte[5], einem siebenjährigen Mädchen, das selbst für einen eklatanten imperialen Psyop benutzt wurde[6] und sowohl von Bellingcat[7] als auch von CNN[8] unterstützt wird.[9]

Wie Alan MacLeod vor einigen Jahren für Mintpress News dokumentierte[10], wird Bellingcat nicht nur von westlichen Regierungsquellen wie dem CIA-nahen National Endowment for Democracy finanziert, sondern ist auch mit zahlreichen westlichen Militär- und Geheimdienst-»Veteranen« besetzt. Die Art und Weise, wie die Massenmedien diese offensichtlich korrupte Institution ständig loben und verteidigen und gleichzeitig routinemäßig ihre Arbeit zitieren, würde ich als Informationswäsche bezeichnen: Erst erzählen sie ihrem immens großen Publikum, dass dieses Regierungspropaganda-Outlet eine vertrauenswürdige Informationsquelle ist, und dann zitieren sie diese Informationen in ihrer Berichterstattung über die Feinde ebendieser Regierungen.

Bild 2

Bellingcat nämlich wäre an sich nicht destruktiv und giftig; was es destruktiv und giftig macht, ist die Art und Weise, wie westliche Medien es ständig verstärken und bestätigen, indem sie seine Behauptungen unter dem Deckmantel von Nachrichten veröffentlichen, ohne jemals die massiven Interessenkonflikte des Unternehmens gegenüber ihrem Publikum offenzulegen. Es ist ein selbstbestätigender Kreislauf der Kriegspropaganda.

CNN-Reporter sagt, er dürfe nicht berichten, wenn Russland ein ukrainisches Waffendepot angreift

Nachdem die ukrainische Regierung behauptet[11] hatte, sie habe am Donnerstag 29 von 30 von Russland abgefeuerte Raketen abgeschossen, fragte CNN-News-Central-Moderatorin Brianna Keilar den Auslandskorrespondenten Sam Kiley, ob an den Behauptungen Russlands, eine seiner Raketen habe ein ukrainisches Waffendepot getroffen, etwas dran sei.[12]

»Sam, Russland hat behauptet, ein ukrainisches Waffendepot getroffen zu haben, ist da etwas Wahres dran?«

»Es kann sein, aber wenn es so wäre, dürften wir es nicht melden«, antwortete Kiley. Er fügte hinzu: »Wir wissen es einfach nicht«, und räumte ein, dass »eine Rakete fehlt und wir nicht wissen, wo sie hin ist.«

Als Erklärung für die Undurchsichtigkeit von CNN in dieser Angelegenheit sagte Kiley, dass »dies Teil der Bemühungen der Ukrainer ist, um sicherzustellen, dass die Russen es nicht schaffen, ihr Feuer und ihre Ziele auf Grundlage der Informationen, die sie von uns erhalten, anzupassen.«

Dies wäre ein normaler Kommentar, den man von der ukrainischen Regierung oder den ukrainischen Staatsmedien erwarten würde, aber wenn CNN-Reporter offen sagen, dass der Sender die Informationsinteressen des ukrainischen Militärs schützt, anstatt über objektive Fakten vor Ort zu berichten, ist das ein Eingeständnis, dass CNN als Kriegspropagandanetzwerk für eine ausländische Regierung arbeitet. Dies ist keine unparteiische Berichterstattung, sondern ein amerikanischer Nachrichtensender, der über ein fremdes Land berichtet und als direkter Teilnehmer am Krieg dieses Landes agiert, als ob er selbst in einem kriegerischen Konflikt mit Russland stünde.

Und das ist natürlich nur ein offenes Eingeständnis dessen, was schon lange vor Beginn dieses Krieges[13] offensichtlich[14] war:

dass die westlichen Medien glauben, es sei ihre Aufgabe, die Interessen des zentralisierten US-Imperiums zu fördern und die Interessen Russlands zu untergraben. Mit anderen Worten: Sie sind Propagandisten.

CEO von Lockheed Martin bewirbt sich um Mitgliedschaft im CFR-Vorstand

Bild 3

Eli Clifton von *Responsible Statecraft* berichtet[15], dass unter den zehn Kandidaten für die Mitgliedschaft im Vorstand der immens einflussreichen Denkfabrik[16] Council on Foreign Relations auch James Taiclet, der Vorsitzende und CEO des wohl größten Waffenhändlers der Welt, Lockheed Martin, ist. Die Mitglieder des CFR müssen für oder gegen die gesamte Liste stimmen, sie können hingegen nicht für oder gegen bestimmte Kandidaten stimmen.

Clifton stellt fest, dass CFR bereits jetzt mehrere Führungskräfte aus dem militärisch-industriellen Komplex in seinem Vorstand hat:

»Dem Vorstand des CFR, einer in New York ansässigen Denkfabrik, die sich auf die Außenpolitik der USA und internationale Beziehungen konzentriert, ist es nicht fremd, Personen aus der Waffenindustrie mit einzubeziehen. Vorsitzender des CFR ist David Rubenstein, Mitbegründer und Co-Vorsitzender der privaten Beteiligungsgesellschaft und auf die Rüstungsindustrie ausgerichteten Carlyle Group, dem Vorstand[17] gehören zudem derzeit Meghan L. O'Sullivan, Vorstandsmitglied von Raytheon, und Frances Townsend, Direktorin bei Leonardo Systems, einem in Virginia ansässigen Waffensystemunternehmen, an. (In der CFR-Biografie von Townsend wird ihre Rolle bei der Waffenfirma nicht erwähnt, aber Leonardo Systems führt ihre CFR-Vorstandsmitgliedschaft in ihrer Biografie auf ihrer Website auf).«[18]

Wenn ich sage, dass der CFR immens einflussreich ist, dann meine ich damit, dass er *immens* einflussreich ist.[19] Seine Mitgliedschaft erstreckt sich über die wichtigsten Medieninstitutionen der westlichen Welt, und er war einmal Gastgeber einer Podiumsdiskussion[20], bei der ein ehemaliger Beamter des Außenministeriums, der auch Redakteur des *Time Magazine* war, offen die Praxis des Einsatzes von Propaganda befürwortete, um die Denkweise von Amerikanern zu beeinflussen.[21]

Außenpolitische »Denkfabriken« sind häufig nichts anderes als Einflussoperationen für den militärisch-industriellen Komplex, und das Informationsumfeld des globalen Nordens würde sich erheblich verbessern, wenn sich mehr Menschen dessen bewusst wären. Daher ist es erfrischend ehrlich, nun vor Augen geführt zu bekommen, dass diese Institutionen nicht mehr nur von der Kriegsindustrie

Bild 4

finanziert[22], sondern direkt von der Kriegsindustrie geleitet werden.

Noch ein bisschen mehr von Clifton:

»Letztes Jahr fragte *Responsible Statecraft* Taiclet, ob der Erhalt von Pentagon-Verträgen in Höhe von 75 Milliarden Dollar im Haushaltsjahr 2020 – das Anderthalbfache der Budgets des Außenministeriums und der Agentur für internationale Entwicklung – ein vernünftiges Gleichgewicht der Ausgaben darstelle und ob es die nationalen Prioritäten der USA widerspiegele. Taiclet verteidigte die Budgetzuteilung, die dem von ihm geleiteten Unternehmen zugutekam, und antwortete, dass dies ›Sache der US-Regierung‹ sei, und behauptete: ›Es liegt nur an uns, zu tun, worum wir gebeten wurden, wir versuchen einfach, dies auf effektivere Weise zu tun, das ist unsere Rolle.‹[23]

Seine Behauptung erklärt allerdings nicht, warum Lockheed im letzten Jahr mehr als 13 Millionen Dollar für Lobbyarbeit bei der Bundesregierung ausgab und seine Lobbyarbeit auf den Verteidigungshaushalt konzentrierte, wie OpenSecrets berichtet.«[24]

Eines Tages werden wir mit Entsetzen auf die Tatsache zurückblicken, dass Kriegsprofiteure nicht nur existierten, sondern dass es ihnen legal erlaubt war, Lobbyarbeit bei der Regierung zu leisten, um die Kriegstreiberei zu verstärken und Denkfabriken zu nutzen, um die öffentliche Zustimmung zum Krieg zu erzeugen.

Wired schwärmt von Pete Buttigeig mit atemberaubender Überschwänglichkeit

Dieses Beispiel ist etwas heiterer und weniger folgenreich als die anderen, aber es ist ebenso bezeichnend für die Art von Menschen, die für westliche Nachrichtenmedien arbeiten.

In einem Artikel mit dem Titel »Pete Buttigieg liebt Gott, Bier und seinen Elektro-Mustang« und dem Untertitel »Sicher, der

US-Verkehrsminister denkt über den Bau von Brücken nach. Aber die Infrastruktur nimmt nur einen kleinen Teil seines umfangreichen Denkens sein«, schreibt Virginia Heffernan von *Wired* den folgenden Absatz:

Bild 5

»Als Minister Buttigieg und ich uns an einem Nachmittag im Frühjahr in seinem untermöblierten Eckbüro unterhielten, wurde mir langsam klar, dass sein Kabinettsjob nur einen bescheidenen Teil seiner kognitiven Fähigkeiten erfordert. Weitere geistige Kapazitäten werden, kein Scherz, der *Ilias,* der puritanischen Geschichtsschreibung und Knausgårds *Im Frühling* zugewandt – allerdings nicht im norwegischen Original (Faulpelz). Glücklicherweise war er bereit, eine weitere Apsis in seinem kathedralenartigen Geist zu nutzen, um mir seine Ideen zu drei großen Themen – Neoliberalismus, Männlichkeit und Christentum – verständlich zu machen.«[25]

Mein Gott, das ist ein Meisterwerk. Wohl besser als Heffernans Loblied auf Hillary Clinton von 2016, in dem es heißt: »Vielleicht ist sie mehr als eine Präsidentin. Vielleicht ist sie eine Idee, eine weltgeschichtliche Heldin, das Licht selbst. Die Präsidentschaft ist zu klein für sie.« Besser noch als Heffernans Beschreibung der Berufsverrückten[26] Louise Mensch als »die ›Sy‹ Hersh unserer Zeit«[27].

Wir empfehlen: Kalte Kneipp´sche Armgüsse vertreiben Müdigkeit und machen schlagartig frisch – probieren Sie es![2]

2 Das Hinzufügen der augenzwinkernden Empfehlungen am Ende eines jeden Textes erfolgte mit ebensolcher Erlaubnis der Autorin.

2
Das verdeckte Imperium der USA

17. Juni 2023

In einem Interview kurz vor seinem Tod sagte Daniel Ellsberg[1], dass die USA ein »verdecktes Imperium«[2] betreiben: Ich halte das für eine hervorragende Art, auszudrücken, wie ein riesiger, weltumspannender Haufen von Nationen sich konsequent im Einklang mit dem Diktat Washingtons bewegt, wobei aber alle diese Nationen ihre offiziellen Flaggen und ihre offiziellen Regierungen behalten und das Ganze auf diese Weise nicht wie ein Imperium aussehen lassen, obwohl es in jeder Hinsicht wie eines funktioniert.

Das lässt sich an vielem ablesen: Etwa schenken wir der Tatsache, dass alle einflussreichen Medienplattformen im Besitz extrem reicher Leute sind, in deren Interesse es liegt, unsere Aufmerksamkeit auf Kulturkämpfe und Wahlen umzulenken, um uns von Klassenkämpfen und Protesten fernzuhalten, wirklich nicht genug Aufmerksamkeit.

Es ist zudem kaum zu glauben, dass die Behauptung, das FBI würde ständig psychisch kranke Menschen darauf vorbereiten, sich an Terroranschlägen zu beteiligen, einen wie einen Verrückten klingen lässt, obwohl das eine gut dokumentierte Tatsache ist, über die wir aus unerfindlichen Gründen fast nie reden.[3]

Das einzige Mal, dass Trump von den Massenmedien gelobt wurde, war, als er Syrien bombardierte.[4] Das einzige Mal, dass Biden von den Massenmedien verurteilt wurde, war, als er sich aus Afghanistan zurückzog.[5] Vielleicht ist da irgendwo eine Lektion versteckt?

Die Veröffentlichung eines Artikels in der *New York Times*, in dem ukrainische Nazis für das Tragen von Nazi-Insignien kritisiert werden, und zwar nicht, weil Nazismus falsch ist, sondern weil es sich um schlechte Kriegspropaganda handelt, war unglaublich bezeichnend für die *New York Times*.[6]

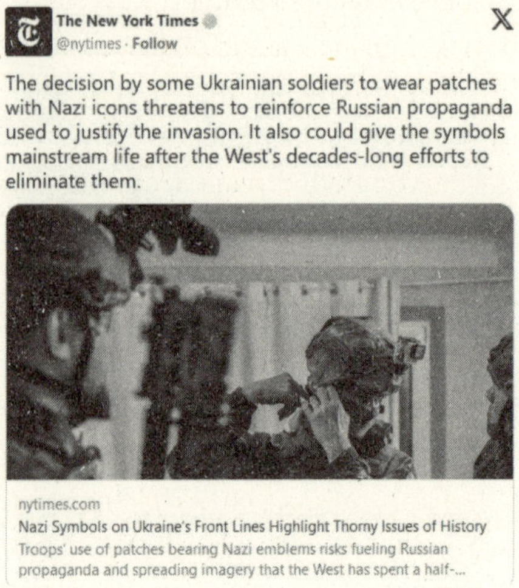

Bild 6

In dem Artikel wird sogar zugegeben, dass westliche Reporter, das Problem nicht anerkennen wollten[7], um nicht Teil der »russischen Propaganda« zu werden, und dass sie sogar ukrainische Soldaten aufgefordert haben, die Nazi-Abzeichen vor der Aufnahme von Fotos abzunehmen[8]. Wenn man über etwas nicht berichtet, weil es den Propagandabemühungen der eigenen Seite schaden würde, dann ist man kein Journalist, sondern ein Propagandist.

Das Lustige an der »Nazis-in-der-Ukraine«-Kontroverse ist, dass Nazis in der Ukraine nicht einmal das stärkste Argument gegen einen Stellvertreterkrieg des Westens in diesem Land sind. Die westlichen Propagandisten könnten einfach sagen: »Ja, die Ukraine hat ein Nazi-Problem, aber wir glauben, dass die Vorteile des Schutzes der ukrainischen Demokratie die Nachteile überwiegen, die sich daraus ergeben, dass einige Skinheads hier und da Raketenwerfer bekommen« oder so ähnlich, und die meisten Westler würden es schlucken. Es gibt einen einzigen Grund, warum Propagandablätter wie die *New York Times* das Bedürfnis haben, dieses Thema immer wieder aufzugreifen, die Gemüter der Menschen zu manipulieren und sie in die Irre zu führen: Sie sind so sehr daran gewöhnt, die vollständige und totale Kontrolle über die US-Außenpolitik zu haben, dass es ihnen gar nicht in den Sinn kommt, auch nur das kleinste Stückchen Boden abzutreten oder auch nur die offensichtlichsten Eingeständnisse zu machen, zumindest, um sich nicht vollkommen lächerlich zu machen.

Die Welt wird von Schurken und Tyrannen regiert, von denen die schurkischsten und tyrannischsten viel Energie darauf verwenden, ihre Bevölkerungen davon zu überzeugen, dass nur *andere* Länder von Schurken und Tyrannen regiert werden. Sollten die Menschen und ihre digitalen Aufzeichnungen den nächsten Atomkrieg auf der Erde überleben, so wird sich zeigen, dass wir jeden Tag eindeutige Warnzeichen sahen und sie mit überwältigender Mehrheit ignoriert haben.

Zu sagen: »Nicht Amerika hat Nord Stream bombardiert, sondern die Ukraine!« ist so, als würde man sagen: »Will Smith hat Chris Rock nicht geohrfeigt, sondern seine Hand!« Es ist eine Unterscheidung ohne bedeutsamen Unterschied, egal, wie sehr sie versuchen, es als unabhängigen Akt darzustellen, auf den die USA keinen Einfluss gehabt hätten.

Es gibt keine Grundlage für die Annahme, dass die CIA und das FBI heute weniger verdorben sind als zu Zeiten von Dulles und J. Edgar Hoover. Mal im Ernst, was hat sich seither geändert? Damals gab es einen kalten Krieg. Jetzt gibt es einen kalten Krieg. Wurden die Gesetze, Regeln und Politiken drastisch geändert und die Menschen, die diese schlimmen Dinge getan haben, bestraft? Nein, wurden sie nicht. Es gibt keinerlei Grundlage für die Annahme, dass die CIA und das FBI in der Vergangenheit schlechte Dinge ge-

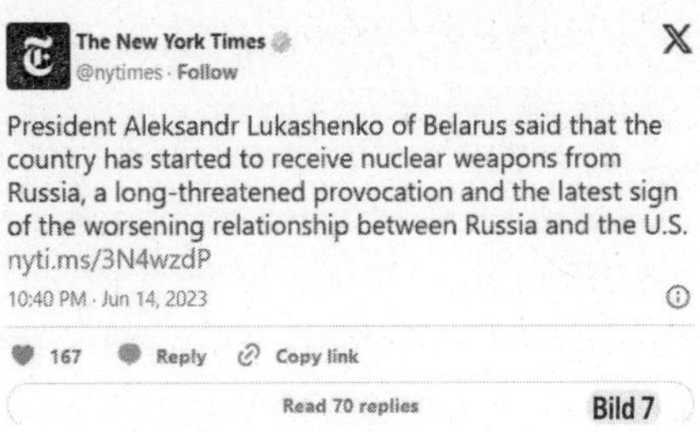

Bild 7

tan haben, aber in der Gegenwart keine schlechten Dinge tun. Das glaubt man nur, weil es bequem ist, und aus keinem anderen Grund. Wir erfahren von schlimmen Dingen, die die CIA und das FBI »in der Vergangenheit« getan haben, weil sie nichts zu verlieren haben, wenn wir von schlimmen Dingen erfahren, die sie tun wollten und auch bereits getan haben. Später wird das, was heute geschieht, »in der Vergangenheit« liegen, und wir werden erfahren, was sie in diesem Teil der Raumzeit vorhatten. Alle Bedingungen, die während der berüchtigtsten Vergehen dieser Geheimdienste bestanden, sind auch heute noch gegeben. Kalter Krieg. Heißer Krieg. Dissidentengruppen. Der Kampf um die Vorherrschaft der USA. All das findet auch *heute noch statt*, und es gibt keinen Grund zu der Annahme, dass sie heute netter und kuscheliger sind.

Wenn westliche Regierungen Zensur, Propaganda und die Verfolgung von Journalisten immer weiter ausbauen müssen, um die westliche Freiheit und Demokratie zu verteidigen, kann man dann überhaupt noch von Freiheit und Demokratie sprechen? Und sind sie es dann noch wert, verteidigt zu werden? Der einzige Weg, um herauszufinden, worum es Manipulatoren wirklich geht, besteht darin, ihre Worte zu ignorieren und ihre Handlun-

Bild 8

gen zu beobachten, denn sie benutzen ihre Worte nur, um zu manipulieren und von den Menschen das zu bekommen, was sie wollen. Das können Sie auch auf Politiker und Regierungen sowie auf Narzissten in Ihrem Leben anwenden.

Ein Beispiel: Wenn man die Geschichten der US-Regierung über ihre Liebe zur Freiheit, Demokratie und einer auf Regeln basierenden Ordnung ignoriert und nur ihre Handlungen betrachtet, sieht man ein gewalttätiges und tyrannisches Regime, das ständig daran arbeitet, Nationen auf der ganzen Welt zu zerstören und zu unterwandern, die ihm nicht gehorchen. Eine der schwierigsten Lektionen, die ich in meinem Leben lernen musste, ist, dass Projektion in beide Richtungen funktioniert: Wir projizieren unsere schlechten Eigenschaften und Motive auf andere und nehmen fälschlicherweise an, dass sie dieselben Charakterschwächen haben wie wir, aber wir können auch unsere *positiven* Eigenschaften auf andere projizieren, die diese vielleicht nicht haben.

In einer Welt voller Narzissten, Soziopathen und Manipulatoren ist es wichtig, sich dessen bewusst zu sein – ob man nun Politiker, Regierungen oder seine eigenen zwischenmenschlichen Beziehungen betrachtet. In der Vergangenheit musste ich mit ernsthaften Konsequenzen zurechtkommen, weil ich von der Annahme ausging, dass jemand gesunde und nachvollziehbare Gründe für seine schädlichen Handlungen mir gegenüber haben müsse, und weil ich meine eigenen guten Motive auf ihn projizierte, obwohl er mich in Wirklichkeit nur ausnutzen und unterdrücken wollte. Sie können nicht davon ausgehen, dass jemand aus denselben inneren Beweggründen heraus handelt wie Sie, egal ob diese eingebildeten Beweggründe negativ *oder* positiv sind. Manche Menschen sind einfach ätzend und tun Dinge, die Sie nie tun würden, weil sie Motive haben, die Ihnen nie in den Sinn kämen.

Wir empfehlen: Benutzen Sie bei extremer Sonneneinstrahlung Schutzcreme mit höchstmöglichem UV-Faktor!

3
Australien verschärft seine Zensur- und Propagandakampagne weiter

26. Juni 2023

Bild 9

Die australische politische und mediale Klasse hat es sehr eilig, die Australier so schnell wie möglich durch Propaganda dazu zu bringen, die Vorbereitungen für einen Krieg mit China zu unterstützen und Gesetze durchzupeitschen, die die Zensur von Meinungsäußerungen im Internet erleichtern.

Die australische Kommunikationsministerin Michelle Rowland will einen Gesetzesentwurf vorlegen, mit dem Social-Media-Unternehmen, die es versäumen, »Fehlinformationen« und »Desinformationen« aus dem Verkehr zu ziehen, mit hohen Geldstrafen belegt werden sollen – eine beängstigende Aussicht, die weitreichende Folgen für die politische Meinungsäußerung in Australien haben dürfte.

Der *Sydney Morning Herald* berichtet:

> Nach den vorgeschlagenen Gesetzen wäre die Behörde in der Lage, bestimmten Unternehmen, die wiederholt bei der Bekämpfung von Fehl-

informationen und Desinformation versagen, einen neuen »Kodex« oder einen branchenweiten »Standard« aufzuerlegen, um digitale Plattformen zu zwingen, schädliche Inhalte zu entfernen.

Die Höchststrafe für systematische Verstöße gegen einen registrierten Kodex würde 2,75 Millionen Dollar oder 2 Prozent des weltweiten Umsatzes betragen – je nachdem, welcher Betrag höher ist.

Die Höchststrafe für einen Verstoß gegen einen Industriestandard beträgt 6,88 Millionen Dollar oder 5 Prozent des weltweiten Umsatzes eines Unternehmens. Im Falle des Facebook-Eigentümers Meta beispielsweise könnte die Höchststrafe eine Geldstrafe von mehr als 8 Milliarden Dollar betragen.[1]

Solche Zahlen verändern die Zensurprotokolle eines Unternehmens. In Australien werden bereits Inhalte in den sozialen Medien zensiert, die von der australischen Regierung als inakzeptabel eingestuft wurden.[2] So sehen zum Beispiel die transphoben Tweets aus, die in einem rechtsgerichteten Artikel über die Twitter-Zensur eingebettet sind,[3] wenn man versucht, sie von Australien aus auf Twitter anzusehen:

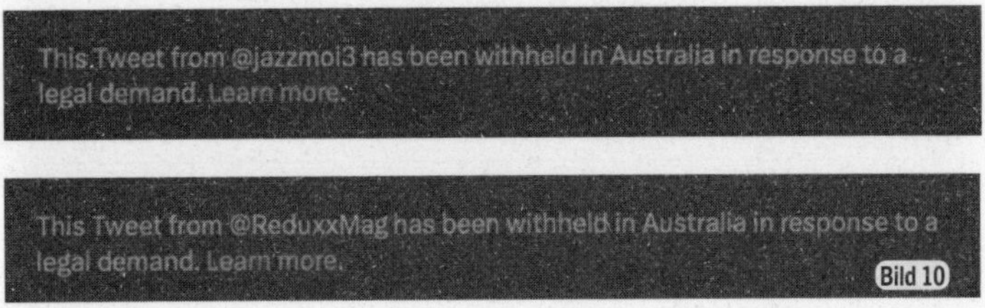

Bild 10

Diese Tweets wurden Berichten zufolge auf Geheiß der australischen Regierung auf der Plattform für Australier unzugreifbar gemacht.[4] Australier könnten noch viel mehr von dieser Art der australienspezifischen Zensur auf Social-Media-Plattformen erleben, wenn diese »Fehlinformations«-Gesetzgebung durchkommt. Oder solche Tweets könnten einfach für alle zensiert werden.

Das Problem bei Gesetzen gegen unrichtige Informationen ist natürlich, dass jemand die Entscheidung treffen muss, welche Informationen wahr und welche falsch sind, wobei diese Entscheidungen zwangsläufig von den Vorurteilen und der Agenda dieser Person beeinflusst werden. Ich kann beispielsweise meine Behauptung, dass der Einmarsch Russlands in die Ukraine von den NATO-Mächten provoziert wurde, mit einer Fülle von Fakten und Beweisen[5] untermauern, aber dennoch würde ein beträchtlicher Teil der Bevölkerung solche Behauptungen als bösartige Desinformation ansehen, mit oder ohne die entsprechenden Daten.

Bild 11

Wenn die Regierung sich an der Regulierung von Sprache beteiligt, hat sie zwangsläufig einen Anreiz, Sprache so zu regulieren, dass sie selbst und ihre Verbündeten davon profitieren. Niemand, der eine staatliche Regulierung von Online-Falsch- und Desinformation befürwortet, kann erklären, wie solche Maßnahmen auf sichere Weise gegen den Missbrauch und die Pläne der Mächtigen abgesichert werden könnten. In einem totalitären Regime zensiert Ihre Regierung *Ihre Rede*, wenn Sie etwas Unerlaubtes sagen. In einer freien Demokratie befiehlt Ihre Regierung *den Unternehmen*, Ihre Rede zu zensieren, wenn Sie etwas Unerlaubtes sagen.

Gleichzeitig hämmern die australischen Medien in letzter Zeit mit zunehmender Aggressivität eine bemerkenswert einheitliche Botschaft in das öffentliche Bewusstsein: Es wird einen

Krieg mit China geben, Australien wird daran beteiligt sein, und Australien muss viel mehr tun, um sich so schnell wie möglich auf diesen Krieg vorzubereiten. Wir Australier sind besonders anfällig für Propaganda, da in unserem Land der Besitz der Medien am konzentriertesten in der ganzen westlichen Welt ist[6] und das mächtige Duopol von Nine Entertainment und Murdochs News Corp den Großteil der australischen Presse in der Hand hat.[7] Beide Medienkonglomerate waren an der Verbreitung der neuesten Ausrede, der Notwendigkeit höherer Militärausgaben und der Militarisierung, beteiligt, die mithilfe einer von der Kriegsmaschinerie finanzierten Denkfabrik begründet werden sollte, der ein Buch darüber veröffentlicht hat, dass wir uns alle auf einen Krieg mit China vorbereiten müssen.

Bild 12

Nine Entertainments *Sydney Morning Herald* und *The Age* haben einen Artikel mit dem Titel »Militärexperte warnt vor ›sehr ernstem Risiko‹ eines Krieges mit China innerhalb von fünf Jahren«[8] von Matthew Knott veröffentlicht. Dieser ist vor allem dafür bekannt, dass er vom ehemaligen Premierminister Paul Keating aufgefordert wurde, sich aus dem australischen Journalismus zurückzuziehen[9], weil er Anfang dieses Jahres in denselben Zeitungen eine entsetzliche Propagandaserie über den Krieg mit China veröffentlicht hat[10]. Leser, die die australischen Medien verfolgen, tun gut daran, sich den Namen Knott zu merken, denn er ist einer der produktivsten Kriegspropagandisten in der westlichen Presse geworden.

Der »Militärexperte«, der vor der Notwendigkeit warnt, sich auf einen bevorstehenden Krieg mit China vorzubereiten, ist ein Mann namens Ross Babbage, der, wie Knott feststellt, »ein nicht ortsansässiger Senior Fellow am Centre for Strategic and Budgetary Assessments (Zentrum für strategische und haushaltspolitische Beurteilungen) in Washington« ist. Was Knott seinen Lesern verschweigt, ist, dass das Centre for Strategic and Budgetary Assessments von jedem Kriegsprofiteur und jeder Kriegsmaschinerie unter der Sonne finanziert wird[11], wobei die meisten Gelder direkt vom US-Verteidigungsministerium selbst[12] kommen.

Wie ich in meinen Artikeln immer wieder erkläre, ist es für die Presse nie und nimmer in Ordnung, von der Kriegsmaschinerie finanzierte »Denkfabriken« als Experten oder Analysten in Fragen des Krieges und der Außenpolitik zu zitieren, und es ist doppelt ungeheuerlich, wenn sie dies tun, ohne ihren massiven Interessenkonflikt zumindest gegenüber ihren Lesern offenzulegen. Dieser Akt extremen journalistischen Fehlverhaltens ist in der gesamten Mainstream-Presse zur Norm geworden, weil es den Reportern der Massenmedien hilft, ihre eigentliche Aufgabe zu erfüllen: einer ahnungslosen Öffentlichkeit Propaganda zu verabreichen.[13]

Die Murdoch-Presse hat Babbages Buchveröffentlichung ebenfalls zum Anlass genommen, die Kriegstrommeln zu rühren, mit mehreren Beiträgen auf Sky News und Artikeln mit Titeln wie »Nationaler Sicherheitsexperte Ross Babbage warnt in seinem neuesten Buch[14] vor der ›großen Wahrscheinlichkeit‹ eines Krieges mit China«[15] und »›Die Zeit läuft ab‹: Xi könnte Taiwan in den nächsten Jahren angreifen«[16]. Auch hier wird Babbages Interessenkonflikt mit keinem Wort erwähnt.

Und das alles für eine Nachricht, die (und ich kann das nicht genug betonen) *keine Nachricht ist.* Das Ergebnis einer von der Kriegsmaschinerie finanzierten Denkfabrik, dass mehr Krieg zu befürworten sei, ist keine Nachricht – das passiert eben, wenn die Kriegsmaschinerie Leute dafür bezahlen darf, Kriegstreiber zu sein. »Kriegsmaschinen-finanzierter Kriegstreiber will mehr Krieg«. Das ist Ihre Schlagzeile. Das ist die einzige Schlagzeile, die diese Nicht-Nachricht jemals verdient hätte, wenn überhaupt.

Bild 13

Propaganda und Zensur sind die beiden wichtigsten Werkzeuge der imperialen narrativen Kontrolle[17], und es ist sehr aufschlussreich, dass Australien beides ausbaut, während die Nation in eine Waffe für das US-Imperium verwandelt wird, die es gegen China einsetzen kann.[18] Es werden Schritte unternommen, um sicherzustellen, dass die australische Bevölkerung mit an Bord ist, was auch immer das Imperium für uns in den kommenden Jahren geplant hat, und nach dem zu urteilen, was wir gerade sehen, wird es nicht schön werden.

Wir empfehlen: Bonbons mit hohem Eukalyptusgehalt – das hält die Atemwege frei!

4
Das Dümmste, was das Imperium uns glauben machen will

1. Mai 2023

Das Dümmste, was uns das zentralisierte US-Imperium glauben machen will, ist, dass die militärische Einkreisung seiner beiden größten geopolitischen Rivalen eine Verteidigungsmaßnahme und kein Akt extremer Aggression ist.

Die Manipulatoren, die über uns herrschen, verlangen von uns, dass wir viele wirklich unsinnige Geschichten glauben, aber ich denke, dass diese hier den Vogel abschießen könnte. Die Vorstellung, dass die militärische Einkreisung Russlands[1] und Chinas[2] durch die USA eher ein Akt der Verteidigung als der Aggression ist, ist so offensichtlich idiotisch, dass jeder, der kritisch genug darüber nachdenkt, sie sofort als absoluten Unsinn abtun muss. Trotzdem ist sie das Mainstream-Narrativ in der westlichen Welt, und Millionen von Menschen akzeptieren es als wahr. Denn das ist die Macht der US-Propaganda.

Es wird immer absurder, je mehr man darüber nachdenkt. Ihr Argument lautet im Grunde: »Nein, ihr versteht nicht, die USA haben ihre wichtigsten geopolitischen Konkurrenten schnell mit Kriegsmaschinerie umzingelt, weil sie sie daran hindern wollen, etwas *Aggressives zu tun.*« Sie sagen: »Wir können es nicht zulassen, dass Nationen unkontrolliert militärische Aggressionen ausüben, deshalb mussten wir diese ganze Kriegsmaschinerie auf die andere Seite des Planeten verlegen, an die Grenzen unserer wichtigsten strategischen Rivalen.«

Können Sie sich etwas Verrückteres vorstellen als das? Können Sie sich etwas Verrückteres vorstellen, als dass die mächtigsten und einflussreichsten Persönlichkeiten aus Politik, Regierung und Medien gleichzeitig behaupten, dass es als eine Maßnahme zur Verhinderung einer Aggression betrachtet werden sollte, wenn eine Nation schwer bewaffnete Stellvertreter an den Grenzen ihrer Feinde aufstellt, und nicht als ein aufrührerischer Akt extremer Aggression an und für sich?

Kürzlich sagte mir jemand, die USA hätten jedes Recht, ihre immense militärische Präsenz in der Nähe Chinas auszubauen[3], und zur Veranschaulichung dieses Arguments sagte er, wenn China einen Stützpunkt in Mexiko einrichten würde, hätten die USA kein Recht, ihnen das zu verbieten. Aber dieses Argument verdeutlicht eigentlich *meinen* Standpunkt: Nur die schon vollkommen durch Propaganda infizierten würden glauben, dass die USA China auch nur eine Sekunde lang erlauben würden, einen Militärstützpunkt in Mexiko zu errichten. Es würde ein aktiver Krieg ausbrechen, noch bevor die Fundamente überhaupt gegossen wären.

Bild 14

Das bedeutet unbestreitbar, dass die USA in diesen Konflikten der Aggressor sind. Sie waren der Aggressor, als sie die NATO erweiterten[4] und begannen, die Ukraine de facto zu einem NATO-Mitglied zu machen[5], und sie sind der Aggressor, wenn sie ihre Einkreisung Chinas[6] beschleunigen und sich darauf vorbereiten, die Schleusen für Waffen nach Taiwan zu öffnen[7]. Wenn das

Imperium selbst an den Grenzen seiner geopolitischen Rivalen Dinge tut, die es *diesen Rivalen* niemals gestatten würde, dann ist es der Aggressor, und alles, was seine Rivalen tun, ist eine defensive Reaktion auf diese Aggressionen.

So handelt das zentralisierte US-Imperium immer. Es greift Nationen an, hungert sie aus und bedroht die, die den Dekreten nicht gehorchen, die es in seiner selbsternannten Rolle als Anführer der sogenannten »regelbasierten internationalen Ordnung« erlässt. Sobald seine Aggressionen dann auch nur das kleinste bisschen Gegenwehr erfahren, heucheln seine Spindoktoren Bambi-äugige Unschuld und tun so, als seien sie nur passive Zeugen der keinesfalls provozierten Aggression durch die ungehorsamen Nationen.

Aber das Imperium ist *nicht* passiv, es ist *nicht* unschuldig und es ist hauptverantwortlich für die extrem gefährlichen aktuellen und neu entstehenden Konflikte, die wir auf der Weltbühne erleben. Das US-Imperium gefährdet uns alle mit seinem letzten verzweifelten Versuch, die unipolare planetarische Hegemonie zu sichern, bevor die Multipolarität die Oberhand gewinnt, indem es an den Grenzen der nuklear bewaffneten Nationen, die seine Macht herausfordern, wahnwitzige aggressive Aktionen durchführt.

Und ich denke, es lohnt sich, dies von Zeit zu Zeit zu wiederholen. Wenn wir uns nicht immer wieder daran erinnern, was wahr ist, werden diese Leute uns alle in den Wahnsinn treiben.

Wir empfehlen: Lesen Sie unbedingt das Kleingedruckte – oftmals ist nicht das drin, was draufsteht!

5
15 Gründe, aus denen Mitarbeiter der Massenmedien wie Propagandisten handeln

4. Juni 2023

Wenn man westliche Nachrichtenmedien kritisch beobachtet, fällt einem irgendwann auf, dass ihre Berichterstattung durchweg mit den Interessen des zentralisierten US-Imperiums übereinstimmt, und zwar fast genauso, wie man es erwarten würde, wenn es sich um staatlich gelenkte Propagandaorgane handeln würde.

Die *New York Times* hat jeden Krieg, den die USA geführt haben, zuverlässig unterstützt.[1] Die westlichen Massenmedien konzentrieren sich überwiegend auf ausländische Proteste gegen Regierungen, die den Vereinigten Staaten missfallen, während sie den weit verbreiteten Protesten gegen mit den USA verbündete Regierungen weit weniger Aufmerksamkeit schenken.[2] Wie bereits erwähnt: Das einzige Mal, dass Trump von den Massenmedien mit Lob überschüttet wurde, war, als er Syrien bombardierte, das einzige Mal, dass Biden von den Massenmedien verrissen wurde, war beim Rückzug aus Afghanistan. Den US-Medien ist es derartig gut gelungen, Saddam Hussein im Vorfeld der Invasion in den Irak mit den Anschlägen vom 11. September in Verbindung zu bringen, dass sieben von zehn Amerikanern noch Monate nach Beginn des Krieges glaubten, er habe etwas mit dem 11. September zu tun.[3]

Dass diese extreme Voreingenommenheit auftritt, ist für jeden, der aufmerksam ist, offensichtlich und unbestreitbar, aber *warum* und *wie* sie auftritt, ist schwieriger zu erkennen. Die Gleichförmigkeit ist so vollständig und so konsistent, dass Menschen, die diese

Muster zum ersten Mal bemerken, häufig annehmen, dass die Medien von einer kleinen, zentralisierten Behörde kontrolliert werden müssen, ähnlich wie die staatlichen Medien von offen autoritären Regierungen. Doch wenn man sich mit den Gründen für ihr Verhalten beschäftigt, stellt man fest, dass dies nicht der Fall ist.

Was man stattdessen findet, ist ein viel größeres, viel weniger zentralisiertes Netzwerk von Faktoren, die die Waage der Medienberichterstattung zum Vorteil des US-Imperiums und der Mächte, die davon profitieren, kippen. Einige davon sind in der Tat konspirativer Natur und geschehen im Verborgenen, aber die meisten sind im Wesentlichen ganz offen sichtbar.

Hier sind 15 dieser Faktoren:

I
Medienbesitzer

Der offensichtlichste Einfluss auf die Massenmedien kommt daher, dass diese Medien in der Regel im Besitz[4] und unter der Kontrolle von Plutokraten sind, deren Reichtum und Macht auf dem Status quo beruhen, von dem sie profitieren. Jeff Bezos ist Eigentümer der *Washington Post*, die er 2013 von der ebenfalls sehr wohlhabenden Graham-Familie[5] kaufte. Die *New York Times* wird seit über einem Jahrhundert[6] von der gleichen Familie geführt.[7] Rupert

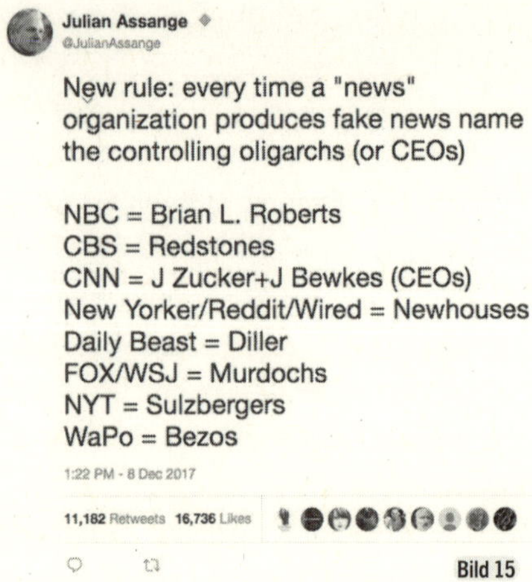
Julian Assange
@JulianAssange

New rule: every time a "news" organization produces fake news name the controlling oligarchs (or CEOs)

NBC = Brian L. Roberts
CBS = Redstones
CNN = J Zucker+J Bewkes (CEOs)
New Yorker/Reddit/Wired = Newhouses
Daily Beast = Diller
FOX/WSJ = Murdochs
NYT = Sulzbergers
WaPo = Bezos

1:22 PM - 8 Dec 2017

11,182 Retweets 16,736 Likes

Bild 15

Murdoch besitzt ein riesiges internationales Medienimperium, dessen Erfolg weitgehend den US-Regierungsbehörden zu verdanken ist[8], mit denen er eng verflochten ist. Der Besitz von Medien ist an und für sich seit jeher eine Investition, die immensen Reichtum hervorbringen kann – »als hätte man eine Lizenz, sein eigenes Geld zu drucken«[9], wie es der kanadische Fernsehmagnat Roy Thomson einmal formulierte.

Bedeutet dies, dass wohlhabende Medieneigentümer ihre Mitarbeiter kontrollieren und ihnen vorgeben, was sie Tag für Tag berichten sollen? Nein. Aber es bedeutet, dass sie kontrollieren, wer ihr Unternehmen leitet, was bedeutet, dass sie kontrollieren, wer die Führungskräfte und Redakteure einstellt, die wiederum die Einstellung aller anderen Mitarbeiter des Unternehmens kontrollieren. Rupert Murdoch stand nie in der Redaktion und verkündete die Themen und Kriegspropaganda für den Tag, aber Ihre Chancen als fahnenschwingender Antiimperialist, einen Job bei der Murdoch-Presse zu bekommen, sind doch verschwindend gering.

Das bringt uns zu einem damit zusammenhängenden Punkt:

II
»Wenn Sie etwas anderes glauben würden, säßen Sie nicht hier.«

In einer kontroversen Diskussion[10] zwischen Noam Chomsky und dem britischen Journalisten Andrew Marr im Jahr 1996 spottete Chomsky über das falsche Selbstbild von Mainstream-Journalisten, die sich generell als »kämpferischen Berufsstand« sehen, der »sich gegen die Mächtigen auflehnet«, und sagte, dass es für einen guten Journalisten fast unmöglich sei, dies in den Massenmedien der westlichen Welt in irgendeiner sinnvollen Weise zu tun.

»Woher wollen Sie wissen, dass ich mich selbst zensiere?«, wandte Marr ein. »Woher wollen Sie wissen, dass Journalisten …«

»Ich sage nicht, dass Sie sich selbst zensieren«, antwortete Chomsky. »Ich bin sicher, Sie glauben alles, was Sie sagen. Aber ich sage, wenn Sie etwas anderes glauben würden, säßen Sie nicht da, wo Sie jetzt sitzen.«

In einem Aufsatz[11] von 1997 fügte Chomsky hinzu: »Der Punkt ist, dass sie nicht dort wären, wenn sie nicht schon bewiesen hätten, dass ihnen niemand sagen muss, was sie schreiben sollen, weil sie sowieso das Richtige sagen werden.«

III
Journalisten lernen das Gruppendenken der Etablierten, ohne dass es ihnen gesagt werden muss

Dieser »Du würdest nicht dort sitzen, wo du sitzt«-Effekt ist nicht nur eine persönliche Theorie von Chomsky; Journalisten, die einige Zeit für die Massenmedien gearbeitet haben, haben in den letzten Jahren immer wieder öffentlich zugegeben, dass dies der Fall ist, und meinten, dass sie sehr schnell gelernt haben, welche Art von Output ihrem Aufstieg auf der Karriereleiter hilft und welche ihn behindert, ohne dass sie ausdrücklich darauf hingewiesen werden müssen.

Während seiner zweiten Präsidentschaftskandidatur im Jahr 2019 erzürnte Senator Bernie Sanders die Massenmedien mit einigen Kommentaren[12], in denen er die *Washington Post* (*WaPo*) beschuldigte, voreingenommen gegen ihn zu berichten. Sanders' Behauptung war völlig korrekt. Am heißesten und härtesten umkämpften Punkt der Präsidentschaftsvorwahlen 2016 stellte Fairness & Accuracy In Reporting fest, dass die *WaPo* innerhalb von sechzehn Stunden nicht weniger *als sechzehn Hetzartikel* über Sanders veröffentlicht hatte.[13] Als Sanders auf diese offenkundige Tatsache hinwies, entfachte er eine emotionale Kontroverse über die Voreingenommenheit der Medien, die zu einigen hochkarätigen Stellungnahmen von Eingeweihten führte.

Dazu gehörten die ehemalige MSNBC-Reporterin Krystal Ball und der ehemalige Daily-Caller-Korrespondent für das Weiße Haus, Saagar Enjeti, die in einem Beitrag für die Onlineshow Rising von The Hill[14] den subtilen Druck erläuterten, der auf sie ausgeübt wurde, sich der orthodoxen Gruppenmeinung anzuschließen.

»Es gibt einen gewissen Druck, sich mit dem Establishment gut zu stellen, um den Zugang zu erhalten, der das Lebenselixier des politischen Journalismus ist«, sagte Ball in dem Beitrag.

»Was meine ich damit? Lassen Sie mich ein Beispiel aus meiner eigenen Karriere anführen, denn alles, was ich hier sage, gilt ganz offen gesagt auch für mich. Anfang 2015 hielt ich bei MSNBC einen Monolog, den einige von Ihnen vielleicht gesehen haben, in dem ich Hillary Clinton geradezu anflehte, nicht zu kandidieren. Ich sagte, dass ihre elitären Verbindungen nicht zur Partei und zum Land passten, dass sie, wenn sie es versuchen würde, wahrscheinlich die Kandidatin sein und dann verlieren würde. Niemand zensierte mich, ich durfte das sagen, aber danach riefen die Clinton-Leute an und beschwerten sich bei der MSNBC-Spitze und drohten uns, während des bevorstehenden Wahlkampfs keinen Zugang mehr zu gewähren. Mir wurde gesagt, ich könne immer noch sagen, was ich wolle, *aber* ich müsse jeden Kommentar, der sich auf Clinton bezieht, mit dem Präsidenten des Senders absprechen. Da ich meinen Job behalten wollte, bin ich mir sicher, dass ich mich danach weniger kritisch über Clinton geäußert habe, als ich es vielleicht sonst getan hätte.«

»Das ist etwas, das viele Leute nicht verstehen«, sagte Enjeti.

»Es geht nicht unbedingt darum, dass einem jemand vorschreibt, wie man seine Berichterstattung zu gestalten hat, sondern darum, dass man, wenn man seine Berichterstattung auf diese Art und Weise gestalten würde, in dieser Einrichtung nicht eingestellt würde. Wenn Sie also nicht bereits in diesen Rahmen passen, dann ist das System so konzipiert, dass Sie nicht gehört werden. Wenn Sie etwas aber unbedingt trotzdem tun müssten, dann würden alle Anreizstrukturen rund um Ihr Gehalt, Ihre Beförderung und Ihre Kollegen, die Ihnen auf die Schulter klopfen, verschwinden. Es ist also ein System der Verstärkung, das dafür sorgt, dass man diesen Weg gar nicht erst einschlägt.«

»Richtig, und wie gesagt, das ist nicht unbedingt beabsichtigt«, fügte Ball hinzu. »Das sind die Leute, mit denen man sich umgibt, und so entsteht ein Gruppendenken. Und man ist sich bewusst, wofür man belohnt wird und wofür man bestraft oder nicht belohnt wird, das spielt definitiv eine Rolle, ob man es will oder nicht, das ist die Realität.«

Während der gleichen Kontroverse veröffentlichte der ehemalige MSNBC-Produzent Jeff Cohen in *Salon* einen Artikel mit dem Titel »Memo an Mainstream-Journalisten: Schluss mit der vorgetäuschten Empörung; Bernie hat recht mit der Voreingenommenheit«[15], in dem er dieselbe Erfahrung eines »Gruppendenkens« beschrieb:

»Es geschieht aufgrund von Gruppendenken. Es geschieht, weil Top-Redakteure und Produzenten wissen, welche Themen und Quellen tabu sind, ohne dass man es ihnen sagt. Es bedarf beispielsweise keiner expliziten Anweisung, damit die einfachen Journalisten verstehen, dass die Geschäfte des Firmenchefs oder der Top-Werbekunden tabu sind, es sei denn, es wird Anklage erhoben.«

»Es ist keine Erinnerung nötig, um diese Verengung der Perspektive zu erreichen – die Auswahl all der üblichen Experten aus den üblichen Denkfabriken, die all die üblichen Dinge sagen. Denken Sie an Tom Friedman. Oder Barry McCaffrey. Oder Neera Tanden. Oder eines der Mitglieder des elitären Clubs, die sich in nationalen oder globalen Angelegenheiten immer wieder als absurd falsch erwiesen haben.«

Auch Matt Taibbi mischte sich in die Kontroverse ein, um den Effekt des Gruppendenkens in den Medien zu verdeutlichen. Er veröffentlichte einen Artikel[16] im *Rolling Stone* über die Art und

Weise, wie Journalisten zu der Erkenntnis gelangen, was ihre Karriere in den Massenmedien fördert und was nicht:

»Die Reporter sehen zu, wie guter investigativer Journalismus über ernsthafte strukturelle Probleme auf der Strecke bleibt, während im Layout unglaublich viel Platz für Trivialitäten wie Trump-Tweets und vereinfachte parteiische Geschichten gemacht wird. Niemand muss jemanden unter Druck setzen. Wir alle wissen, welche Meinungen in den Redaktionen gut ankommen und welche nicht.«

Und es ist wahrscheinlich erwähnenswert, dass Taibbi nicht mehr beim *Rolling Stone* arbeitet.[17]

IV
Mitarbeiter der Massenmedien, die sich dem Gruppendenken nicht fügen, werden zermürbt und hinausgedrängt

Entweder lernen Journalisten die Art von Berichterstattung, die ihre Karriere in den Massenmedien voranbringt, zu betreiben oder sie lernen es nicht und bleiben entweder an den Rand gedrängt und ungehört oder sie brennen aus und kündigen. Der NBC-Reporter William Arkin kündigte 2019

Bild 16

bei dem Sender[18] und kritisierte in einem offenen Brief, dass NBC durchgängig »eine Politik befürwortet, die nur zu mehr Konflikten und mehr Krieg führt«, und beklagte, dass der Sender begonnen habe, »den nationalen Sicherheitsstaat selbst nachzuahmen«.[19]

Arkin sagte, er sei oft eine »einsame Stimme« gewesen, wenn es darum ging, verschiedene Aspekte der US-Kriegsmaschinerie unter die Lupe zu nehmen, und sagte, er habe »jahrelang endlos mit MSNBC über alle Fragen der nationalen Sicherheit gestritten«.

»Wir haben dazu beigetragen, dass die nationale Sicherheit in der Welt zu so einer Art politischer Geschichte geworden ist«, schrieb Arkin. »Ich finde es entmutigend, dass wir nicht über die Fehler von Generälen und nationalen Sicherheitschefs berichten. Ich finde es schockierend, dass wir die fortgesetzte amerikanische Stümperei im Nahen Osten und jetzt auch in Afrika durch unsere lauwarme Berichterstattung im Wesentlichen billigen.«

Manchmal ist der Druck weit weniger subtil. Der mit dem Pulitzerpreis ausgezeichnete Journalist Chris Hedges verließ die *New York Times*[20], nachdem er von der Zeitung einen förmlichen schriftlichen Verweis erhielt, weil er in einer Rede am Rockford College die Irak-Invasion kritisiert hatte, und erkannte, dass er entweder aufhören musste, öffentlich über seine Überzeugungen zu sprechen, oder gefeuert werden würde.

»Entweder verpasste ich mir einen Maulkorb, um meiner Karriere treu zu bleiben ... oder ich äußerte mich und erkannte, dass meine Beziehung zu meinem Arbeitgeber am Ende war«, sagte Hedges 2013.[21] »Und so bin ich gegangen, bevor sie mich loswerden konnten. Aber ich wusste, dass ich nicht bleiben konnte.«

V

Mitarbeiter der Massenmedien, die zu weit aus der Reihe tanzen, werden entlassen

Diese Maßnahme muss nicht oft angewandt werden, aber oft genug, damit Menschen, die in den Medien Karriere machen, die Botschaft verstehen. So war es zum Beispiel, als Phil Donahue von MSNBC gefeuert wurde[22], weil er die Kriegstreiberei der Bush-Regierung im Vorfeld der Irak-Invasion ablehnte, obwohl er die besten Einschaltquoten aller Sendungen des Senders hatte.[23] Oder 2018, als Marc Lamont Hill, Professor an der Temple University, von CNN gefeuert wurde[24], weil er sich in einer Rede vor den Vereinten Nationen für die Freiheit der Palästinenser eingesetzt hatte.

Bild 17

VI

Angestellte der Massenmedien, die sich dem Diktat anpassen, können ihre Karriere vorantreiben

In seinem 2008 erschienenen Buch *Kriegsjournal: Meine Fünf Jahre im Irak* schreibt Richard Engel von NBC, dass er alles tat, um in den Irak zu kommen, weil er wusste, dass dies seiner Karriere einen enormen Schub geben würde, und nennt seine Anwesenheit während des Krieges seinen »großen Durchbruch«.

»Im Vorfeld des Krieges war klar, dass der Irak ein Land war, in dem einige Karriere machen würden«, schrieb Engels.[25] »Ich habe mich vor dem Krieg in den Irak geschlichen, weil ich dachte, dass der Konflikt der Wendepunkt im Nahen Osten sein würde, wo ich bereits sieben Jahre lang gelebt hatte. Als junger Freiberufler glaubte ich, dass einige Reporter bei der Berichterstattung über den Irak-Krieg sterben und dass andere sich einen Namen machen würden.«

Das gibt einem einen guten Einblick in die Art und Weise, wie ehrgeizige Journalisten planen, die Karriereleiter in ihrem Fachgebiet zu erklimmen, und zeigt auch, warum diese Typen immer so übereifrig in den Krieg ziehen. Wenn man weiß, dass ein Krieg die eigene Karriere vorantreiben kann, hofft man darauf und tut alles, was man kann, um ihn voranzutreiben. Das ganze System ist darauf ausgerichtet, die absolut schlimmsten Leute zu fördern.

Engels ist jetzt übrigens Chefkorrespondent von NBC.[26]

VII
Bei öffentlichen und staatlich finanzierten Medien ist der Einfluss offensichtlicher

Wir haben also über den Druck gesprochen, der auf die Mitarbeiter der von Plutokraten geführten Massenmedien ausgeübt wird, aber was ist mit den Massenmedien, die nicht im Besitz von Plutokraten sind, wie NPR und BBC?

Nun, Propaganda gedeiht in diesen Institutionen aus offensichtlichen Gründen: ihrer Nähe zur Regierungsmacht. Bis in die 1990er Jahre hinein ließ die BBC ihre Mitarbeiter vom MI5 auf »subversive« politische Aktivitäten hin überprüfen[27] und änderte diese Regelung offiziell erst, als sie dabei erwischt wurde. Der CEO von NPR, John Lansing, kam direkt aus den offiziellen

Propagandadiensten der US-Regierung, nachdem er zuvor als CEO der US Agency for Global Media[28] tätig war[29] – und er war nicht die erste Führungskraft von NPR mit einem umfangreichen Hintergrund im staatlichen US-Propagandaapparat.[30]

Bild 18

Bei den von der US-Regierung betriebenen Sendern wie Voice of America (VOA) ist die Kontrolle sogar noch offensichtlicher. In einem 2017 erschienenen Artikel in der *Columbia Journalism Review* mit dem Titel »Sparen Sie sich die Empörung: Voice of America war nie unabhängig«[31], merkte VOA-Veteran Dan Robinson an, dass sich solche Sender gänzlich von normalen Nachrichtenunternehmen unterscheiden und dass von ihnen erwartet wird, US-Informationsinteressen zu unterstützen, um Finanzmittel zu erhalten:

»Ich habe etwa 35 Jahre für Voice of America gearbeitet und war dort in verschiedenen Positionen tätig, als Chefkorrespondent für das Weiße Haus, Leiter des Auslandsbüros und Leiter einer wichtigen Sprachabteilung, und ich kann Ihnen sagen, dass zwei Dinge seit Langem wahr sind. Erstens: Die von der US-Regierung finanzierten Medien wurden ernsthaft schlecht verwaltet, eine Tatsache, die sie reif für parteiübergreifende Reformbemühungen im Kongress machte, die Ende 2016 ihren Höhepunkt fanden, als Präsident Obama den National Defense Authorization Act 2017 unterzeichnete. Zweitens besteht im Kongress und anderswo weitgehende Einigkeit darüber, dass diese staatlichen Sender als Teil des nationalen Sicherheitsapparats im Gegenzug für die weitere Finanzierung mehr tun müssen, um die Bemühungen zur Bekämpfung der Desinformation durch Russland, den IS und Al-Qaida zu unterstützen.«

VIII
Zugangsjournalismus

Krystal Ball hat dies in ihrer Anekdote über den einflussreichen Anruf von MSNBC aus dem Clinton-Lager oben angesprochen. Der Zugangsjournalismus[32] bezieht sich auf die Art und Weise, wie Medien und Reporter den Zugang zu Politikern, Regierungsbeamten und anderen einflussreichen Persönlichkeiten verlieren können, wenn diese Personen sie nicht als ausreichend sympathisch empfinden. Wenn jemand, der an der Macht ist, beschließt, dass er einen bestimmten Reporter nicht mag, kann er einfach beschließen, seine Interviews jemand anderem zu geben, der sich ausreichend bei ihm einschleimt, oder bei der Pressekonferenz jemand anderen hinzuzuziehen oder inoffizielle Gespräche mit jemandem zu führen, der ihm etwas mehr in den Hintern kriecht.

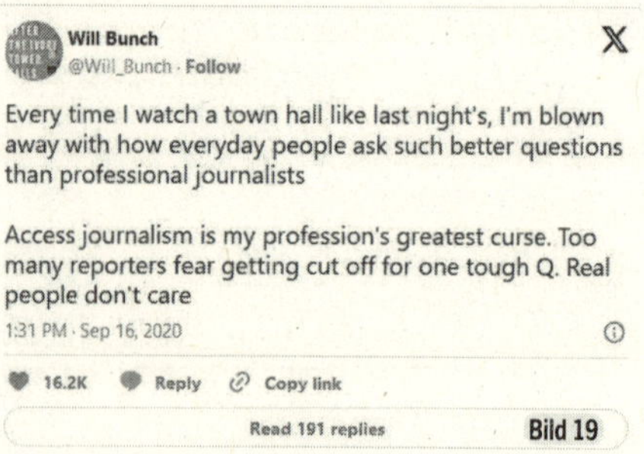

Bild 19

Indem man herausfordernden Gesprächspartnern den Zugang verwehrt, wird das gesamte wertvolle Nachrichtenmaterial an die Unterwürfigsten in der Presse weitergeleitet. Denn wenn man selbst zu viel Würde hat, um ausschließlich gefällige und ungefährliche Fragen zu stellen und auf lächerliche Politiker-

Wortsalat-Antworten einzugehen, findet sich immer jemand anderes, der es tut. Dies führt zu einer Dynamik, in der machtbesessene Speichellecker an die Spitze der Mainstream-Medien gelangen, während echte Journalisten, die versuchen, die Macht zur Rechenschaft zu ziehen, nicht belohnt werden.

IX
Sie werden von Regierungsbehörden, die ihre Informationsinteressen durchsetzen wollen, mit »Knüllern« versorgt

In totalitären Diktaturen sagt die staatliche Spionagebehörde den Nachrichtenmedien, welche Geschichten sie bringen sollen, und die Nachrichtenmedien veröffentlichen sie unhinterfragt. In freien Demokratien sagt die Spionageagentur der Regierung: »Hallo, Kumpel, ich habe einen Knüller für dich«, und die Medien veröffentlichen ihn unhinterfragt.

Bild 20

Einer der einfachsten Wege, eine einflussreiche Nachricht über die nationale Sicherheit oder die Außenpolitik zu veröffentlichen, besteht heutzutage darin, von einem oder mehreren Regierungsbeamten – natürlich unter der Bedingung der Anonymität – mit einem »Scoop« betraut zu werden, der zufällig die Regierung gut, ihre Feinde hingegen schlecht aussehen lässt oder Zustimmung für diese oder jene Agenda erzeugt, vielleicht sogar alle drei. Dies läuft natürlich darauf hinaus, dass man einfach Pressemitteilungen für das Weiße

Haus, das Pentagon oder das US-Geheimdienstkartell veröffentlicht, da man einfach unkritisch und ungeprüft irgendetwas wiederholt, das einem von einem Beamten mitgeteilt wurde, und es als Nachrichtenmeldung tarnt. Aber diese Praxis wird im westlichen »Journalismus« immer üblicher, da die Notwendigkeit, Propaganda über Washingtons Feinde im Kalten Krieg in Moskau und Peking zu verbreiten, zunimmt.

Einige berüchtigte Beispiele aus jüngster Zeit sind der völlig diskreditierte Bericht der *New York Times*, laut dem Russland mit den Taliban verbundene Kämpfer dafür bezahlte, US-amerikanische und verbündete Streitkräfte in Afghanistan zu töten[33], und der völlig diskreditierte Bericht des *Guardian*, laut dem Paul Manafort Julian Assange in der ecuadorianischen Botschaft besucht hat. In beiden Fällen handelte es sich um Unwahrheiten, die in den Massenmedien einfach als Tatsachen wiederholt wurden, ohne jemals die Namen derjenigen preiszugeben, die sie mit den falschen Informationen gefüttert hatten, Geheimdienstmitarbeiter, die versuchten, ein eigenes Narrativ im öffentlichen Bewusstsein zu verankern. Ein weiteres verwandtes Beispiel ist das (ebenfalls anonyme) Eingeständnis[34] von US-Beamten gegenüber NBC im vergangenen Jahr, dass die Regierung Biden die Medien einfach mit Lügen über Russland gefüttert hat, um einen »Informationskrieg« gegen Putin zu gewinnen.

Diese Dynamik ähnelt der des Zugangsjournalismus, bei dem diejenigen Medien und Reporter, die sich als wohlwollende und unkritische Papageien von Regierungsberichten erwiesen haben, am ehesten mit solchen Berichten gefüttert werden und daher auch am ehesten den »Knüller« bekommen. Wir konnten einen Eindruck davon bekommen, wie ein solcher Vorgang »von innen« aussieht, als der amtierende CIA-Direktor unter der Obama-Regierung, Mike Morell, aussagte, dass er und seine

Geheimdienstkartell-Kohorten ursprünglich geplant hatten, ihre Desinformationsoperation über den Hunter-Biden-Laptop an einen bestimmten, ungenannten Reporter der *Washington Post* zu senden[35], mit dem sie vermutlich eine gute Arbeitsbeziehung hatten.

Eine andere Variante der »Knüller«-Dynamik des Geheimdienstkartells ist es, wenn Regierungsbeamte Informationen an einen Reporter einer Quelle weitergeben, woraufhin Reporter einer anderen Quelle dieselben *Beamten* kontaktieren und sie fragen, ob die Informationen wahr sind, woraufhin alle beteiligten Quellen eine öffentliche Parade auf Twitter veranstalten und verkünden, der Bericht sei »bestätigt«[36] worden. Nichts an der Geschichte wurde in irgendeiner Weise als wahr bestätigt; es war einfach dieselbe Geschichte, die von derselben Quelle an verschiedene Personen weitergegeben wurde.

X
Interessen der Klasse

Je mehr sich Angestellte der Massenmedien dem imperialen Gruppendenken anschließen, die ungeschriebenen Regeln befolgen und für die Mächtigen unbedrohlich bleiben, desto höher klettern sie auf der Karriereleiter. Und je höher sie auf der Karriereleiter aufsteigen, desto mehr Geld verdienen sie oft auch. Sobald sie in der Lage sind, eine große Anzahl von Menschen zu beeinflussen, sind sie Teil einer wohlhabenden Klasse, die ein ureigenes Interesse daran hat, den politischen Status quo aufrechtzuerhalten, der es ihnen erlaubt, ihr Vermögen zu behalten.

Das kann heißen, dass man sich allem widersetzt, was Sozialismus oder politischen Bewegungen auch nur ähnelt, die dazu führen könnten, dass Reichen höhere Steuern auferlegt werden, wie wir an den heftigen Hetzkampagnen gegen progressive Persönlichkeiten wie Bernie Sanders und Jeremy Corbyn gesehen haben.

Es kann auch die Form davon annehmen, dass die Öffentlichkeit ermutigt wird, einen Kulturkampf zu führen, damit sie keinen Klassenkampf anzettelt. Oder dazu, dass man das Imperium im Allgemeinen unterstützt, weil das der Status quo ist, auf dem das eigene Vermögen aufbaut. Oder auch dazu, dass man Politikern, Regierungsbeamten, Plutokraten und Prominenten insgesamt mehr Sympathie entgegenbringt, da es diese Klasse ist, mit der man jetzt befreundet ist, mit der man abhängt, auf deren Partys und Hochzeiten man geht, mit der man trinkt, lacht und plaudert.

Bild 21

Klasseninteressen wirken sich auf vielfältige Weise auf das Verhalten von Journalisten aus, denn wie sowohl Glenn Greenwald als auch Matt Taibbi festgestellt haben[37], stammen Journalisten in den Massenmedien zunehmend nicht aus der Arbeiterklasse, sondern aus wohlhabenden Familien und haben Abschlüsse von teuren Eliteuniversitäten.

Die Zahl der Journalisten mit Hochschulabschluss ist von 58 Prozent im Jahr 1971 auf 92 Prozent im Jahr 2013 in die Höhe geschnellt.[38] Wenn Ihre wohlhabenden Eltern das nicht für Sie bezahlen, haben Sie später erdrückende Studienschulden, die Sie selbst abbezahlen müssen, was Sie nur können, indem Sie in dem Bereich, in dem Sie studiert haben, eine anständige Menge Geld verdienen, was Sie wiederum nur tun können, indem Sie als Propagandist für das imperiale Establishment auf die Art und Weise agieren, über die wir hier schon gesprochen haben.

Bild 22

Die Universitäten selbst neigen dazu, bei der Heranzüchtung von Journalisten, die dem Status quo dienen, eine Rolle zu spielen und Konformität herzustellen, da Reichtum nicht in ein akademisches Umfeld fließt, das für die Wohlhabenden anstößig ist. Es ist unwahrscheinlich, dass Geldgeber große Summen an Universitäten spenden[39], die ihren Studenten beibringen, dass Geldgeber eine Plage für die Nation sind, und sie werden sicherlich nicht ihre Kinder dorthin schicken.

XI
Denkfabriken

Das Quincy Institute hat eine neue Studie veröffentlicht, in der festgestellt wurde, dass erstaunliche 85 Prozent der Denkfabriken, die von Nachrichtenmedien in ihrer Berichterstattung über die militärische Unterstützung der USA für die Ukraine zitiert werden, buchstäblich von Auftraggebern des Pentagons bezahlt wurden.[40]

»Denkfabriken sind in den Vereinigten Staaten eine wichtige Quelle für Medien, die Expertenmeinungen zu dringenden politischen Fragen einholen«, schreibt Ben Freeman vom Quincy Institute. »Eine wachsende Zahl von Untersuchungen zeigt, dass die Geldgeber in Denkfabriken Analysen und Kommentare beeinflussen können. Diese Beeinflussung kann Zensur beinhalten – sowohl Selbstzensur als auch eine direktere Zensur von Arbeiten, die einem Geldgeber nicht gefallen – und sogar Vereinbarungen mit Geldgebern über bezahlte Forschung. Das Ergebnis ist ein Umfeld, in dem die Interessen der großzügigsten Geldgeber die politischen Debatten von Denkfabriken dominieren können.«

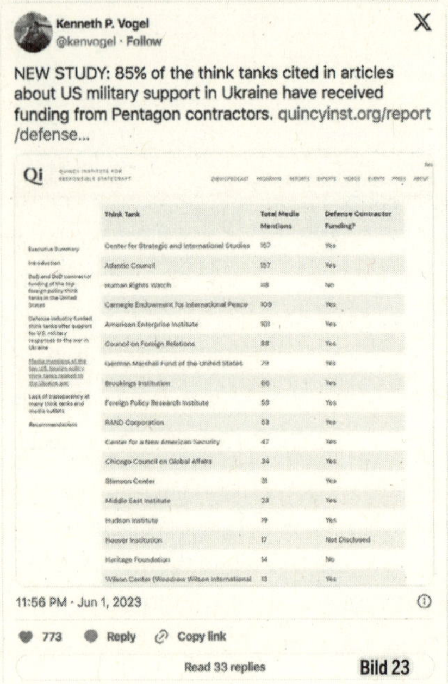

Kenneth P. Vogel
@kenvogel · Follow

NEW STUDY: 85% of the think tanks cited in articles about US military support in Ukraine have received funding from Pentagon contractors. quincyinst.org/report/defense...

Qi QUINCY INSTITUTE FOR RESPONSIBLE STATECRAFT

Think Tank	Total Media Mentions	Defense Contractor Funding?
Center for Strategic and International Studies	157	Yes
Atlantic Council	157	Yes
Human Rights Watch	118	No
Carnegie Endowment for International Peace	109	Yes
American Enterprise Institute	101	Yes
Council on Foreign Relations	88	Yes
German Marshall Fund of the United States	79	Yes
Brookings Institution	66	Yes
Foreign Policy Research Institute	58	Yes
RAND Corporation	53	Yes
Center for a New American Security	47	Yes
Chicago Council on Global Affairs	34	Yes
Stimson Center	31	Yes
Middle East Institute	23	Yes
Hudson Institute	19	Yes
Hoover Institution	17	Not Disclosed
Heritage Foundation	14	No
Wilson Center (Woodrow Wilson International	13	Yes

11:56 PM · Jun 1, 2023

773 Reply Copy link

Read 33 replies

Bild 23

Das ist journalistisches Fehlverhalten. Es entspricht niemals der journalistischen Ethik, von Kriegsprofiteuren finanzierte Denkfabriken zu Fragen des Krieges, des Militarismus oder der Außenbeziehungen zu zitieren, aber die westliche Presse tut dies ständig, ohne ihren Lesern diesen immensen Interessenkonflikt auch nur offenzulegen.

Westliche Journalisten zitieren vom Imperium finanzierte Denkfabriken, weil sie im Allgemeinen mit den vom Imperium genehmigten Texten übereinstimmen. Ein Stenograf der Massenmedien weiß, dass sie seine Karriere vorantreiben und ihm als offiziell aussehende »Experten-Quellen« dienen können, die er zitieren kann, wenn er verkündet, dass mehr teure Kriegsmaschinerie in diesen oder jenen Teil der Welt geschickt werden muss, oder was auch immer. Aber in Wirklichkeit gibt es nur eine Nachricht, die sich hinter solchen Zitaten verbirgt: »Die Kriegsindustrie unterstützt mehr Krieg.«

Die Tatsache, dass es Kriegsprofiteuren erlaubt ist, Medien, Politik und Regierungsbehörden durch Denkfabriken, Werbung und Unternehmenslobbyismus aktiv zu beeinflussen[41], ist eine der unglaublichsten Sachen, die in unserer heutigen Gesellschaft passieren. Und es ist nicht nur erlaubt, sondern wird selten überhaupt nur infrage gestellt.

XII
Der Rat für auswärtige Beziehungen

An dieser Stelle sollte vielleicht auch erwähnt werden, dass der Council on Foreign Relations, kurz CFR, (Rat für auswärtige Beziehungen) eine äußerst einflussreiche Denkfabrik ist[42], der eine erstaunliche Anzahl von Medienmanagern und einflussreichen Journalisten zu seinen Mitgliedern zählt, eine Dynamik, die

Bild 24

Denkfabriken eine weitere Ebene des Einflusses in den Medien verleiht.

1993 beschrieb[43] der ehemalige Chefredakteur und Ombudsmann der *Washington Post*, Richard Harwood, den CFR anerkennend als »das, was einem regierenden Establishment in den Vereinigten Staaten am nächsten kommt«.
Harwood schreibt:

»Die Mitgliedschaft dieser Journalisten im Rat, wie auch immer sie sich selbst einschätzen mögen, ist eine Anerkennung ihrer aktiven und wichtigen Rolle in öffentlichen Angelegenheiten und ihres Aufstiegs in die amerikanische Führungsschicht. Sie analysieren und interpretieren nicht nur die Außenpolitik der Vereinigten Staaten, sie gestalten sie mit. Ihr Einfluss, so spekuliert Jon Vanden Heuvel in einem Artikel im *Media Studies Journal*, wird nach dem Ende des Kalten Krieges wahrscheinlich noch zunehmen: ›Indem sie sich auf bestimmte Krisen in der Welt konzentrieren, sind die Medien besser in der Lage, Druck auf die Regierung auszuüben, damit diese handelt.‹«

XIII
Werbung

Im Jahr 2021 wurde *Politico* dabei ertappt, wie es eine Lobeshymne auf den führenden Waffenhersteller Lockheed Martin veröffentlichte, während Lockheed gleichzeitig einen *Politico*-Newsletter zur Außenpolitik sponserte. Eli Clifton von *Responsible Statecraft* schrieb zu dieser Zeit:

»Die Grenze zwischen den finanziellen Beziehungen von *Politico* zu Lockheed Martin, dem größten Rüstungsunternehmen der Vereinigten Staaten, und den redaktionellen Ergebnissen ist fließend. Und diese Grenze könnte gerade noch undurchsichtiger geworden sein.«

Letzte Woche berichtete Ethan Paul von *Responsible Statecraft*[44], dass *Politico* seine Archive von allen Hinweisen auf Lockheed Martins langjähriges Sponsoring des beliebten Newsletters Morning Defense säuberte. Während alle Beweise für die finanziellen Beziehungen zwischen Lockheed und *Politico* ausgelöscht wurden, hat das beliebte Magazin gerade einen unglaublich schmeichelhaften Artikel[45] über das Unternehmen veröffentlicht, in dem die langjährigen finanziellen Beziehungen zu *Politico* nicht erwähnt werden.

Bild 25

»*Politico* reagierte, nachdem im letzten Monat die Anzeigen des Verteidigungsgiganten entfernt worden waren, nicht auf Fragen darüber, ob Lockheed ein fortwährender Sponsor der Publikation sei oder ob die Waffenfirma für das bezahlt hatte, was sich weitgehend wie eine Werbeanzeige las.

Lee Hudson von *Politico* besuchte die hochsichere und größtenteils als geheim eingestufte Forschungs- und Entwicklungseinrichtung Skunk Works von Lockheed nördlich von Los Angeles und schrieb begeistert: »Für Journalisten der Verteidigungstechnik und Luftfahrt-Nerds ist dies das Äquivalent eines goldenen Tickets für Willy Wonkas Fabrik, aber denken Sie an Überschalldrohnen statt an ewige Gobstoppers.«

Haben Sie sich jemals gefragt, warum Sie während des Superbowls Werbung für Northrop Grumman sehen?[46] Glauben Sie, dass sich jemand diese Werbung ansieht und sagt: »Weißt du was? Ich werde mir einen Tarnkappenbomber kaufen«? Nein, natürlich nicht. Die Rüstungsindustrie wirbt ständig in den Medien, und obwohl sie vielleicht nicht immer auf frischer Tat ertappt wird, wenn sie Nachrichtenveröffentlichungen in eklatanter Weise manipuliert, wie es Lockheed bei *Politico* getan hat, ist es schwer vorstellbar, dass ihr Geld nicht einen abschreckenden Effekt auf die außenpolitische Berichterstattung hat und ihnen vielleicht sogar einen gewissen Einfluss auf redaktionelle Angelegenheiten verleiht.

Wie Jeff Cohen bereits sagte: Die Top-Werber sind tabu.

XIV
Verdeckte Infiltration

Nur weil sich ein Großteil des propagandistischen Verhaltens der Massenmedien ohne geheime Absprachen erklären lässt, heißt das nicht, dass es keine geheimen Absprachen gibt. Im Jahr 1977 veröffentlichte Carl Bernstein einen Artikel mit dem Titel »Die CIA und die Medien«[47], in dem er berichtete, dass die CIA die einflussreichsten Nachrichtenagenturen Amerikas heimlich infiltriert[48] hatte und im Rahmen eines

Bild 26

als »Operation Mockingbird«[49] bekannten Programms über 400 Reporter als Aktivposten betrachtete.

Man sagt zwar, dass diese Art der verdeckten Infiltration heute nicht mehr betrieben wird, aber das ist absurd. Natürlich gibt es sie noch. Die Menschen glauben, dass die CIA keine ruchlosen Handlungen mehr vornimmt, weil es bequem ist, und nicht auf Grund nachweisbarer Fakten.

Es gab keine Umstände, die in den 1970er Jahren Anlass für die »Operation Mockingbird« waren, die nicht auch heute noch bestehen. Kalter Krieg? Der findet auch heute noch statt. Heißer Krieg? Den gibt es auch heute. Dissidentenbewegungen? Passieren auch heute. Ein verrücktes Gerangel, um die Vorherrschaft der USA und ihr Kapital auf der Weltbühne zu sichern? Passiert auch heute. Die CIA wurde nicht aufgelöst und niemand kam ins Gefängnis. Das Einzige, was sich geändert hat, ist, dass die Nachrichtenmedien jetzt noch mehr haben, mit dem Regierungsagenten spielen können, etwa Onlinemedien und soziale Medien.

Und in der Tat haben wir Beweise dafür gesehen, dass dies heute geschieht. Im Jahr 2014 wurde Ken Dilanian, jetzt ein bekannter Reporter für NBC, dabei erwischt, wie er bei seiner Berichterstattung eng mit der CIA zusammenarbeitete[50] und ihr den Artikel zur Genehmigung und Änderung vor der Veröffentlichung zuschickte. In seinen E-Mails mit CIA-Pressesprechern ist zu lesen, wie Dilanian sich wie ein Propagandist für die Behörde verhält. Er schreibt darüber, wie er einen Artikel über CIA-Drohnenangriffe verfassen will, der »zur Beruhigung der Öffentlichkeit« dienen solle und seine Berichterstattung nach ihren Wünschen redigiert werden könne.

Zu den anderen potenziellen CIA-Mitarbeitern gehören Anderson Cooper von CNN, der ein Praktikum bei der Agentur absolvierte[51], und Tucker Carlson, in dessen Vergangenheit es höchst verdächtige Überschneidungen mit der CIA gab.[52]

XV
Offene Infiltration

Und schließlich verhalten sich die Massenmedien manchmal wie staatliche Propagandisten, weil sie tatsächlich staatliche Propagandisten sind. Zu Carl Bernsteins Zeiten musste die CIA die Massenmedien noch heimlich infiltrieren; heute stellen die Massenmedien offen Geheimdienstinsider ein und lassen sie in ihren Reihen arbeiten. Die Massenmedien beschäftigen heute ganz offen Geheimdienstveteranen[53] wie John Brennan, James Clapper, Chuck Rosenberg, Michael Hayden, Frank Figliuzzi, Fran Townsend, Stephen Hall, Samantha Vinograd, Andrew McCabe, Josh Campbell, Asha Rangappa, Phil Mudd, James Gagliano, Jeremy Bash, Susan Hennessey, Ned Price und Rick Francona.[54]

Matt Taibbi
@mtaibbi · Follow

In case anyone needs reminding, here's a partial list of the ex-spooks who served as media figures in the Trump years:

Matt Taibbi @mtaibbi
John Brennan, James Clapper, Chuck Rosenberg, Michael Hayden, Frank Figliuzzi, Fran Townsend, Stephen Hall, Samantha Vinograd, Andrew McCabe, Josh Campbell, Asha Rangappa, Phil Mudd, James Gagliano, Jeremy Bash, Susan Hennessey, Ned Price, Rick Francona... I can keep going.

2:40 AM · Apr 16, 2021

2.1K Reply Copy link

Read 101 replies

Bild 27

Die Massenmedien lassen auch häufig »Experten« zu Wort kommen, die direkt beim militärisch-industriellen Komplex angestellt sind, ohne ihre Zuschauer jemals über deren massiven Interessenkonflikt aufzuklären. Letztes Jahr veröffentlichte Lever News einen Bericht[55] darüber, wie die Medien Manager des US-Imperiums hochbrachten, die zu dieser Zeit für vom Krieg profitierende Unternehmen arbeiteten und ihr Leben im Sumpf von Washington D.C. an der Drehtür zwischen dem öffentlichen und privaten Sektor verbrachten, um sie anschließend als unparteiische Experten zum Krieg in der Ukraine zu präsentieren.

Sie sehen also, dass die Nachrichtenmedien von allen Seiten und auf allen relevanten Ebenen Druck ausgesetzt sind, der sie dazu bringt, nicht als Berichterstatter, sondern als Propagandisten zu arbeiten. Deshalb agieren die Mitarbeiter der westlichen Massenmedien wie PR-Agenten für das westliche Imperium und seine Bestandteile: weil sie genau das sind.

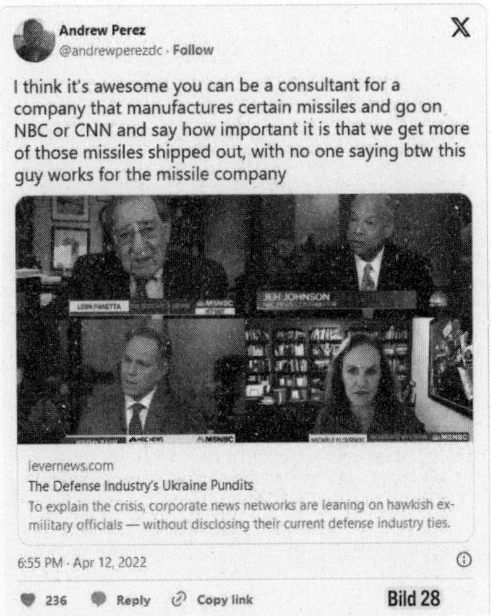

Bild 28

Wir empfehlen: Trauen Sie sich, benutzen Sie Ihren gesunden Menschenverstand!

6
Liberale sind tyrannische Imperialisten

27. Juni 2023

In nur wenigen Jahren sind die Demokraten von der Angst vor Nazis, der Befürchtung, dass Trump einen Atomkrieg anzetteln könnte, und der Leugnung der US-Wahlergebnisse dazu übergegangen, Nazis zu bejubeln, mehr nukleare Abschreckung zu fordern und jeden, der die Wahlergebnisse leugnet, des Verrats zu bezichtigen.

Putin kann von Glück reden, dass er nicht von einem *echten* Putschversuch heimgesucht wurde, bei dem mehrere Verrückte ein paar Stunden lang in einem Regierungsgebäude herumspazierten.

Die Mächtigen haben nicht die Idee propagiert, dass die Kontrolle von Sprache notwendig ist, weil sie Viren stoppen, Randgruppen schützen, ausländischen Einfluss bekämpfen und den Extremismus im Inland eindämmen wollen. Sie drängen auf die Kontrolle der Sprache, weil sie die Sprache kontrollieren wollen.

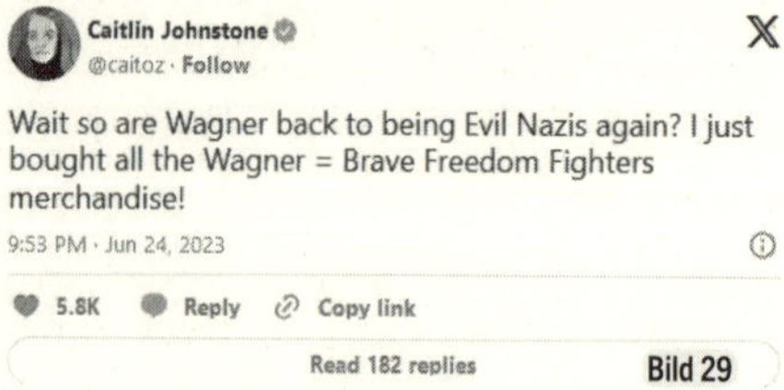

Bild 29

Es ist inzwischen allgemein bekannt, dass westliche Regierungsstellen alles in ihrer Macht Stehende tun, um Plattformen im Silicon Valley zu infiltrieren und zu beeinflussen, auf denen sich Menschen treffen, um Ideen und Informationen auszutauschen, denn sie wissen, dass die Kontrolle über das Narrativ echte

Macht bedeutet. Die Sprache an sich ist in letzter Zeit nicht gefährlicher geworden, doch die Kontrolle der Sprache durch die Regierung und regierungsnahe Stellen ist in den letzten Jahren immer mehr zur Gewohnheit geworden. Die Machthaber haben jeden Vorwand genutzt, um diese Kontrolle auszuweiten – von russischen Bots über den 6. Januar bis hin zu Covid. Das Fenster dessen, was als »in einem überfüllten Theater einfach »Feuer« schreien« betrachtet wird, wird im liberalen Mainstream-Bewusstsein absichtlich erweitert, was die Liberalen akzeptieren, weil es von den Propagandisten des Imperiums als eine Waffe dargestellt wird, die gegen die politischen Feinde der Liberalen eingesetzt werden kann.

Den westlichen Liberalen wird vom Imperium ein politisches Bestechungsangebot gemacht: Unterstützen Sie die von uns ständig geforderten Einschränkungen der politischen Meinungsäußerung, und Sie untergraben dadurch die Interessen Ihrer politischen Rivalen. Diese Bestechung hat die »Liberalen« um einiges tyrannischer gemacht. Sie spielen mit, weil sie bei jeder Gelegenheit davon überzeugt wurden, dass die Einschränkung der Meinungsäußerung der beste Weg ist, um Hass, Rechtsextremismus, medizinische Fehlinformationen und bösartigen ausländischen Einfluss zu bekämpfen, aber damit unterstützen sie das tyrannischste Regime der Welt.

Jetzt befinden wir uns also in dieser bizarren Situation, in der »liberal« zu sein in Wirklichkeit bedeutet, Zensur zu unterstützen, um seine politischen Gegner zugunsten der mörderischsten und tyrannischsten Menschen auf diesem Planeten zum Schweigen zu bringen.

Ich erlebe oft, dass Leute, die der Macht skeptisch gegenüberstehen, diese oder jene Nachricht als »Ablenkung« bezeichnen und damit implizieren, dass die Mächtigen ganze Ereignisse inszenieren, um die öffentliche Aufmerksamkeit von unbequemeren Geschichten abzulenken. In der Praxis sehen wir Ablenkung eher als eine allgemeine, alltägliche Verzerrung, die immer wieder vorkommt, und nicht als große konspirative Verschwörungen, bei denen einzelne Nachrichten inszeniert werden, um die öffentliche Aufmerksamkeit zu manipulieren. Sicherlich können Regierungsbeamte manchmal Geschichten zu bestimmten Zeiten veröffentlichen, wenn es ihnen politisch passt, aber das ist im Allgemeinen auch schon alles.

Wir sehen, dass die politische und mediale Klasse Ablenkungsmanöver vor allem in Form von Agenda-Setting[1], einsetzt, bei dem der Schwerpunkt auf bestimmte Themen gelegt wird, die den Mächtigen besser passen als andere. Zum Beispiel könnten sie bewirken, dass die Menschen sich auf die Innenpolitik konzentrieren, damit sie den ausländischen Interventionen ihrer Regierung keine Aufmerksamkeit schenken, oder dass sie sich auf Kulturkämpfe konzentrieren, damit sie keine Klassenkämpfe planen. Wie ich bereits erörtert habe[2], sind die Mitarbeiter der Massenmedien nur allzu gerne bereit, diese Verzerrungen zu fördern, weil sie ihren eigenen Karriere- und Klasseninteressen sowie den Interessen ihrer Arbeitgeber dienen.

Ich respektiere linke Kommentatoren, die sowohl das US-Imperium als auch Putin verachten und dennoch ehrliche Kommentare zu den riskanten Machenschaften mit Russland abgeben, um ein Vielfaches mehr als diejenigen, die so tun, als sei es in Ordnung, diesen extrem gefährlichen Konflikt weitgehend zu ignorieren, nur weil »beide Seiten schlecht sind«. Das ist, als würde man sagen, okay, gut, sagen wir, dass beide Seiten schlecht sind; sagen wir sogar, dass beide Seiten *gleich* schlecht sind, nur um des Arguments willen. Das ist immer noch kein legitimer Grund für einen Linken, die Rolle seiner eigenen Regierung bei der Entstehung und Aufrechterhaltung dieser zunehmend gefährlichen Pattsituation zu ignorieren.

Nur kleingeistige Idioten interpretieren Konflikte einfach als »Gut gegen Böse«. Die Tatsache, dass Sie diese infantile Sichtweise nicht teilen, gibt Ihnen keine Entschuldigung dafür, sich einfach gedanklich abzuwenden. Nur weil es keinen Guten gibt, heißt das nicht, dass die Situation nicht dringend unsere Aufmerksamkeit benötigt.

Es ist in Ordnung, wenn Sie keine politische Fraktion oder keinen politischen Führer gefunden haben, den Sie unterstützen können. Zum jetzigen Zeitpunkt ist die Menschheit sehr verloren und verwirrt, so dass auch ihre politischen Bewegungen – selbst die besseren – häufig verloren und verwirrt sind. In einer Welt, die von bösen Tyrannen regiert wird, die Politik und Medien manipulieren, um alle verrückt zu machen und unser Interesse auf Themen zu konzentrieren, die die Mächtigen nicht bedrohen, ist Verwirrung in jeder Facette des politischen Engagements zu erwarten.

Ich für meinen Teil habe kein Problem damit, größtenteils auf mich allein gestellt zu sein und einfach bestimmte Anstrengungen oder Bewegungen aufgrund ihrer eigenen Verdienste zu unterstützen, ohne mich einer bestimmten Fraktion oder Partei anzuschließen. Ich habe die Erfahrung gemacht, dass Loyalität gegenüber politischen Fraktionen dazu führen kann, dass man die Fehler in dieser eigenen Fraktion übersieht, und in dem derzeitigen Verwirrungszustand der Menschheit werden zwangsläufig viele Fehler gemacht.

Deshalb stehe ich vorerst gern allein da, um sicherzustellen, dass meine Sicht klar bleibt, mit der Gewissheit, dass das eines Tages nicht mehr nötig sein wird.

Wir empfehlen: Machen Sie doch immer mal eine kurze Atemübung – tiefes Ein- und Ausatmen hilft, auch den größten Schwachsinn zu ertragen!

7
Fürs Protokoll: NPR ist US-Staatspropaganda

6. April 2023

Amerikanische Liberale sind in Aufruhr, weil Twitter kürzlich National Public Radio als »staatsnahes Medium« gekennzeichnet[1] hat. Diese Bezeichnung ist in der Regel für staatliche Medien von Regierungen reserviert, die die USA zu stürzen versuchen, wie Russlands RT[2], Chinas CGTN[3] und Irans Press TV[4].

In einem Artikel mit dem Titel »Twitter bezeichnet NPR-Konto als ›staatsnahe Medien‹, was nicht wahr ist«[5] versucht Bill Chappell von NPR zu argumentieren, dass sein Sender es nicht verdient hat, mit denselben Etiketten versehen zu werden wie staatliche Medien von bösen Regierungen wie Russland und China:

»John Lansing, CEO von NPR, verwies auf die Millionen von Hörern, die NPR unterstützen und sich auf den ›unabhängigen, faktenbasierten Journalismus‹ verlassen: ›NPR steht für Meinungsfreiheit und dafür, die Mächtigen zur Verantwortung zu ziehen. Es ist inakzeptabel, dass Twitter uns auf diese Weise bezeichnet. Eine starke, lebendige freie Presse ist für die Gesundheit unserer Demokratie unerlässlich.‹«

Es ist interessant, den CEO von NPR, John Lansing, ins Rampenlicht zu rücken und gleichzeitig zu argumentieren, dass NPR nicht dem Staat angehört, da Lansing vor seiner Zeit bei NPR[6] CEO der US Agency for Global Media (USAGM) war[7]. USAGM ist der Dachverband der US-Regierung, der staatliche Propaganda-Sender wie Radio Free Asia, Radio Free Europe/Radio Liberty und Voice of America betreibt.

In einem Artikel aus dem Jahr 1977 mit dem Titel »Weltweites Propagandanetzwerk der C.I.A.«[8] nennt die *New York Times* ausdrücklich Radio Liberty, Radio Free Europe und Radio Free Asia als Teil des Netzwerks, das von der Central Intelligence Agency aufgebaut wurde, um Propaganda zu verbreiten. Wie Bryce Greene von Fair.org kürzlich feststellte[9], erhielt USAGM im Jahr 2022 US-Bundesmittel in Höhe von 810 Millionen Dollar, was mehr als doppelt so viel ist wie der Betrag, den RT im Jahr 2021 von Russland für seine weltweiten Aktivitäten erhielt.

Lansings Vergangenheit ist kein Einzelfall: NPR wird regelmäßig von Führungskräften geleitet, die direkt aus leitenden Positionen in Washingtons offiziellem Propagandanetzwerk kommen. Von 1998 bis 2008 war der Präsident von NPR ein Mann namens Kevin Klose[10], der zuvor Radio Free Europe/Radio Liberty leitete und nach seiner zehnjährigen Tätigkeit bei NPR in diese Position zurückkehrte.[11] Ein Mann namens Ken Stern[12] wurde 1999 zum stellvertretender Geschäftsführer von NPR und 2006 zum CEO ernannt[13]; davor war er leitender Berater des Direktors des Internationalen Rundfunkbüros der USAGM.

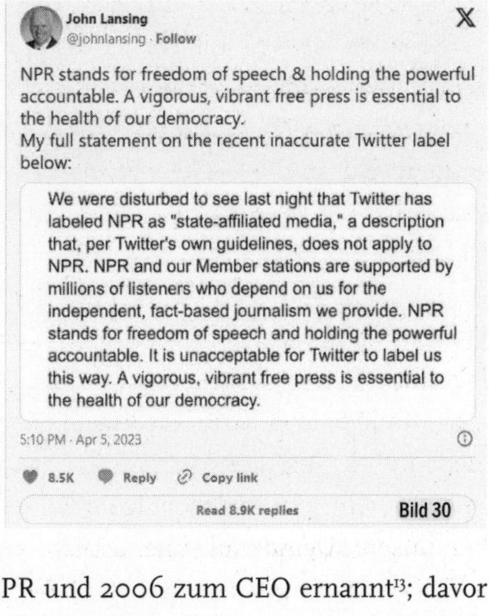

Bild 30

Es ist also schon ein bisschen komisch, dass John Lansing sich jetzt auf Twitter darüber beschwert, dass NPR als »US-staatsnahes Medium« bezeichnet wird, wo er doch sein Leben der Verbreitung von US-staatsnahen Medien gewidmet hat. NPR wird von der US-Regierung finanziert, fördert konsequent die Informationsinteressen der US-Regierung und wird routinemäßig von professionellen Propagandisten der US-Regierung geleitet. Sie könnten Stunden Ihres Lebens damit verbringen, den »NPR«-Bereich von Fair.org zu lesen, um zu sehen, auf welch vielfältige Weise diese Plattform die Räder des US-Imperiums geschmiert hat. Wenn NPR nicht zu den staatsnahen Medien gehört, dann tut es niemand.

In seinem Bemühen dazulegen, dass sein Sender kein staatliches Medium ist, weist Bill Chappell lustigerweise darauf hin, dass die Pressesprecherin des Weißen Hauses, Karine Jean-Pierre, NPR als ein wunderbares Beispiel für journalistische Integrität verteidigt hat:

Bild 31

»Auf die Entscheidung von Twitter angesprochen, lehnte es Karine Jean-Pierre, Pressesprecherin des Weißen Hauses, ab, speziell auf Twitters Content-Regeln einzugehen. Aber sie verteidigte auch den Journalismus von NPR.[14]

›Es gibt keinen Zweifel an der Unabhängigkeit der NPR-Journalisten‹, sagte Jean-Pierre. ›Wenn Sie jemals mit ihren Fragen konfrontiert waren, wissen Sie das.‹«

Ja, tolles Argument, Bill: »Das Weiße Haus sagt, wir sind gut, also können wir unmöglich dem US-Staat nahestehende Medien sein.«

Die Verteidiger von NPR versuchen zu argumentieren, dass diese Bezeichnung unzutreffend ist, weil NPR nur einen kleinen Teil seiner Finanzierung von der US-Regierung erhält (zwischen einem und 15 Prozent[15], je nachdem, mit wem sie sprechen), aber diese Behauptung wird durch NPRs eigene Behauptung[16] untergraben, dass »die Bundesfinanzierung für den Dienst des öffentlichen Rundfunks an der amerikanischen Öffentlichkeit von wesentlicher Bedeutung ist und ihre Fortsetzung sowohl für die Sender als auch für die Programmproduzenten, einschließlich NPR, entscheidend ist [besonders für sie]«.

Es ist wahrscheinlich auch erwähnenswert, dass ich mir ziemlich sicher bin, dass ich, wenn ich zwischen einem und 15 Prozent meiner Finanzmittel von der Regierung Russlands oder Chinas erhalten würde, von Twitter sofort als »staatsnah« eingestuft werden würde, so wie sie es bei so vielen anderen getan haben.[17] Wenn Sie zugegeben haben, dass Sie in irgendeinem Umfang staatliche Mittel erhalten, ist es schwer zu argumentieren, dass Sie in keiner Weise mit dieser Regierung »verbunden« sind.

Wahrscheinlich ist es auch erwähnenswert, dass NPR von Oligarchen wie Bill Gates in großem Umfang finanziert wird.[18] Wenn man in einer Oligarchie wie den USA lebt[19], unterscheidet sich der Erhalt von Geldern von Oligarchen nicht wesentlich vom Erhalt von Geldern vom Staat.

Besonders aufschlussreich sind jedoch die Begründungen, warum das Etikett »staatsnahe Medien« für NPR nachteilig ist.

»Twitter hat National Public Radio als ›staatsnahes Medium‹ eingestuft, ein Schritt, der das öffentliche Vertrauen in die Nachrichtenorganisation untergraben könnte«[20], heißt es in einem Tweet von AP. Der Tweet paraphrasiert ein Zitat von Liz Woolery von PEN America: »Dass Twitter NPR einseitig als staatsnahes Medium bezeichnet, auf einer Stufe mit Russia Today, ist ein gefährlicher Schritt, der das Vertrauen der Öffentlichkeit in zuverlässige Nachrichtenquellen weiter untergraben könnte.«

Wir müssen uns klarmachen, was sie hier zugeben und was sie nicht sagen. Sie geben zu, dass dieses Etikett, das Medien aus Ländern, die der US-Regierung nicht gehorchen, aufgedrückt wird, »das Vertrauen der Öffentlichkeit« in diese Medien untergräbt, was bedeutet, dass sie wissen, dass Twitter dieses Etikett verwendet hat, um das Vertrauen der Öffentlichkeit in Medien aus Ländern, die ihrer Regierung nicht gehorchen, zu untergraben. Sie ziehen daraus nur nicht die offensichtliche Schlussfolgerung, dass dies bedeutet, dass Twitter als Propagandaarm der US-Regierung fungiert hat.[21]

Bild 32

Das Problem mit dem Etikett »staatsnahe Medien« ist nicht so sehr, dass es existiert, sondern dass es immer ungleichmäßig angewendet wird. Das Etikett wird an Sender wie RT und China Daily angeheftet, während bekannte US-Propagandasender wie Radio Free Europe/Radio Liberty[22], Radio Free Asia[23] und Voice of America[24] nicht genannt werden. Auch bei anderen Sendern, die einen weitaus größeren Teil ihrer Finanzierung vom Staat erhalten als NPR, wie der britischen BBC[25], der australischen ABC[26], der kanadischen CBC[27] und der saudischen Presseagentur[28], ist diese Bezeichnung nirgends zu finden.

Es gibt keinen stichhaltigen Grund, warum NPR das Etikett »staatsnahes Medium« tragen sollte, während die von mir genannten Einrichtungen dies nicht tun. Auch wenn NPR zweifellos staatsnah ist, ist die Tatsache, dass es die einzige Anomalie in Twitters ansonsten konsequenter Politik der pro-amerikanischen, pro-westlichen Voreingenommenheit ist, ein ziemlich klares Zeichen dafür, dass diese Bezeichnung nicht aus Interesse an der Wahrheit oder an Fakten zustande gekommen ist.

Die Erklärung könnte so einfach sein wie die Tatsache, dass NPR etwas veröffentlicht hat, das dem neuen CEO von Twitter nicht gefiel, wie etwa der kürzlich erschienene Artikel »Dogecoin-Kurs schießt in die Höhe, nachdem Elon Musk das Twitter-Logo in einen Shiba-Inu-Hund ändert«[29]. Oder es könnte etwas noch Einfacheres sein, wie die Tatsache, dass NPR nicht die gleiche Politik wie Musk unterstützt.

In jedem Fall ist die Bezeichnung »staatsnahe Medien« eindeutig ein Propagandakonstrukt, das dazu dient, nicht autorisierte Meinungsäußerungen zu unterdrücken, um die Informationsinteressen des US-Imperiums zu fördern. Wenn es dazu dienen würde, Wahrheit und kritisches Denken zu fördern, würde es auf alle Mainstream-Medien in der westlichen Welt angewandt werden, denn diese dienen heute alle als Propagandaorgane für das US-Imperium.[30] Während es die offizielle Aufgabe von Sendern wie Radio Free Europe/Radio Liberty und Radio Free Asia

Bild 33

ist, US-Propaganda zu verbreiten, besteht ihre inoffizielle Aufgabe darin, den Menschen den Eindruck zu vermitteln, dass sie die einzigen Institutionen sind, die US-Propaganda verbreiten.

All dieses Gezänk darüber, wessen Stimme als vertrauenswürdig hervorgehoben und wessen Stimme als nicht vertrauenswürdig unterdrückt werden sollte, ist nur ein Ausdruck der Tatsache, dass die Mächtigen etwas verstehen, was die meisten gewöhnlichen Mitglieder der Öffentlichkeit nicht verstehen: dass derjenige, der das Narrativ kontrolliert, die Welt kontrolliert. Wenn man die Art und Weise kontrollieren kann, wie die Menschen die Realität wahrnehmen, dann kann man die Realität selbst kontrollieren.

Solange sich die Öffentlichkeit dieser Tatsache nicht bewusst ist, wird unser Leben den Launen der Oligarchen, Regierungsbehörden und Propagandisten der Massenmedien unterworfen sein. Erst dann werden wir in der Lage sein, aus unserem propagandistischen Koma zu erwachen, um die psychologischen Manipulationen abzuschütteln, die uns nach der Pfeife der Oligarchie und des Imperiums tanzen lassen, und die Macht unserer Masse zu nutzen, um das Entstehen einer gesunden Welt zu erzwingen, die uns allen zugutekommt.

Wir empfehlen: Klartext sprechen – in den meisten Fällen hilft es zu sagen, was ist!

8
Washington sagt »Journalismus ist kein Verbrechen« und arbeitet gleichzeitig an der Kriminalisierung des Journalismus

8. April 2023

Ab einem bestimmten Punkt fühlt es sich fast schon zu einfach an, die Heuchelei und die Widersprüche des zentralisierten US-Imperiums zu kritisieren, das ist wirklich keine Kunst. Aber was soll's, lasst es uns trotzdem tun!

Die russischen Sicherheitsdienste haben offiziell Spionagevorwürfe gegen den *Wall-Street-Journal*-Reporter Evan Gershkovich erhoben[1], der seit seiner Verhaftung im vergangenen Monat in Russland inhaftiert ist. Gershkovich bestreitet Berichten zufolge die Spionagevorwürfe und sagt, er sei in Russland journalistisch tätig gewesen.

Diese Nachricht wurde zeitgleich mit einer gemeinsamen Erklärung des Mehrheitsführers im Senat, Chuck Schumer, und des Minderheitsführers im Senat, Mitch McConnell, veröffentlicht[2], in der die Inhaftierung von Gershkovich als Verletzung der Pressefreiheit verurteilt wurde.

»Um das ganz klarzustellen: Journalismus ist kein Verbrechen«, schreiben die Senatoren. »Wir fordern, dass die unbegründeten, aus der Luft gegriffenen Anschuldigungen gegen Herrn Gershkovich fallen gelassen werden und er sofort freigelassen wird, und wir verurteilen erneut die anhaltenden Versuche der russischen Regierung, unabhängige Journalisten und Stimmen der Zivilgesellschaft einzuschüchtern, zu unterdrücken und zu bestrafen.«

Die Formulierung »Journalismus ist kein Verbrechen« ist eine interessante Wahl, da der häufigste Einzelfall, auf den sie sich bezieht, sicherlich der von Julian Assange ist[3], der seit vier Jahren in einem Hochsicherheitsgefängnis eingesperrt ist, während die US-Regierung daran arbeitet, seine Auslieferung wegen des Verbrechens des guten Journalismus zu erwirken.[4] Auf jeder Pro-Assange-Demonstration, an der ich je teilgenommen habe, waren Schilder mit einer Variation des Satzes »Journalismus ist kein Verbrechen« zu sehen und jeder Assange-Unterstützer wird mit diesem Refrain bestens vertraut sein.

Bild 34

Als Assange-Unterstützer klingt es daher etwas seltsam, diesen Slogan von zwei D.-C.-Monstern zu hören, die beide die Verfolgung des berühmtesten Journalisten der Welt enthusiastisch unterstützt haben.

»Er hat unserem Land enormen Schaden zugefügt, und ich denke, er muss mit der vollen Härte des Gesetzes verfolgt werden. Und wenn das zu einem Problem wird, müssen wir das Gesetz ändern«[5], sagte McConnell über Assange, nachdem WikiLeaks im Jahr 2010 tausende von diplomatischen Telegrammen veröffentlicht hatte.

»Weder WikiLeaks noch seine ursprüngliche Quelle für diese

Materialien sollten in irgendeiner Weise von der größtmöglichen Strafverfolgung im Rahmen des Gesetzes verschont werden«[6], sagte Schumer im Jahr 2010.

»Jetzt, wo Julian Assange verhaftet wurde, hoffe ich, dass er bald für seine Einmischung in unsere Wahlen im Namen Putins und der russischen Regierung zur Rechenschaft gezogen wird«[7], twitterte Schumer, als Assange vor fast genau vier Jahren aus der ecuadorianischen Botschaft in London gezerrt wurde. (Assange wurde nicht wegen irgendetwas angeklagt, das mit Russland oder der Wahl 2016 zu tun hatte, und die Behauptungen über geheime Absprachen mit Russland sind bis heute völlig unbegründet).

Dies sind zwei der mächtigsten gewählten Beamten der Welt, die sich als mutige Verteidiger der Pressefreiheit aufplustern und ausgeben, nachdem sie aktiv die Versuche ihrer Regierung unterstützt haben, eben diese Pressefreiheit zu zerstören. Ihre Regierung arbeitet daran, Assange unter dem Espionage Act ausliefern zu lassen und zu inhaftieren, weil er einer nach Expertenmeinung[8] normalen journalistischen Tätigkeit nachgegangen ist. Dies wird es ihnen ermöglichen, einen rechtlichen Präzedenzfall zu schaffen, durch den die Auslieferung jedes Journalisten überall auf der Welt verlangt und dieser strafrechtlich verfolgt werden kann, wenn er US-Kriegsverbrechen aufdeckt, wie es Assange getan hat.[9]

Chuck Schumer
@SenSchumer · Follow

Now that Julian Assange has been arrested, I hope he will soon be held to account for his meddling in our elections on behalf of Putin and the Russian government.

8:11 PM · Apr 11, 2019

31.2K Reply Copy link

Read 13.5K replies

Bild 35

Es gibt keine größere Bedrohung für die Pressefreiheit in der Welt, als sie die USA mit ihrer Verfolgung von Julian Assange darstellen, eine Verfolgung, die von Schumer und McConnell und all den anderen Washingtoner Sumpf-Kreaturen, die sich heute melodramatisch über Evan Gershkovich aufregen, inbrünstig unterstützt wird.

Das ist natürlich lächerlich. Man kann nicht sagen: »Journalismus ist kein Verbrechen«, während man buchstäblich daran arbeitet, den Journalismus zu kriminalisieren. Diese Positionen schließen sich gegenseitig aus. Wählen Sie eine.

Es lohnt sich, auf die Heuchelei der Manager des US-Imperiums hinzuweisen, und zwar nicht, weil Heuchelei an sich ein besonders schwerwiegendes Übel ist, sondern weil sie zeigt, dass diese Leute nicht stehen, wofür sie vorgeben zu stehen. Das US-Imperium hat kein Interesse an der Pressefreiheit, es geht ihm um Macht und seine Vorherrschaft und die Geräusche, die es zur Unterstützung des Journalismus macht, sind immer nur ein zynischer Trick, mit dem es ungehorsame ausländische Regierungen auf der Weltbühne niederknüppeln kann.[10]

Assange hat in seiner Arbeit mit WikiLeaks viele unbequeme Tatsachen über das US-Imperium aufgedeckt, aber keine war so unbequem wie das, was er dadurch ans Licht gebracht hat, dass er es gezwungen hat, ihn zu verfolgen und sein wahres Gesicht zu enthüllen, indem es den größten Journalisten der Welt in einer so schamlosen Verfolgungsjagd niederrang.

Wir empfehlen: Wechselduschen – regt den Kreislauf an und stärkt die Abwehrkräfte!

9
Mehrere US-Beamte am Welttag der Pressefreiheit mit US-Assange-Heuchelei konfrontiert

4. Mai 2023

Am Mittwoch, dem Welttag der Pressefreiheit, wurden US-Außenminister Antony Blinken, die Pressesprecherin des Weißen Hauses, Karine Jean-Pierre, und der stellvertretende Sprecher des Außenministeriums, Vedant Patel, mit der eklatanten Heuchelei der Biden-Administration konfrontiert, die Julian Assange wegen des Verbrechens des guten Journalismus verfolgt.

Während eines Auftritts[1] bei einer am Mittwochmorgen von David Ignatius von der *Washington Post* veranstalteten Feier für die internationale Pressefreiheit konfrontierten die Code-Pink-Aktivisten Medea Benjamin und Tighe Barry Blinken: Sie forderten Gerechtigkeit für Assange, bevor sie kurzerhand von der Bühne gezerrt wurden.

»Entschuldigen Sie, wir müssen diesen Tag nutzen, um die Freiheit von Julian Assange zu fordern«, sagte Benjamin und hielt ein Schild mit der Aufschrift »Free Julian Assange« hoch.

Die beiden wurden sofort von zahlreichen Sicherheitskräften bedrängt, und der Ton auf der Bühne wurde vorübergehend unterbrochen.

»Stoppt den Antrag zur Auslieferung von Julian Assange«, kann man Benjamin sagen hören.

»Zwei Stunden und kein einziges Wort über die Journalistin Shireen Abu-Akleh, die von den israelischen Besatzungstruppen in Palästina ermordet wurde, kein einziges Wort über Julian Assange«, sagte Barry.

»Wir sind hier, um das Recht auf freie Meinungsäußerung zu feiern, und wir haben es gerade erlebt«, sagte Ignatius ohne eine Spur von Ironie, nachdem die Dissidenten zum Schweigen gebracht worden waren. Dann kehrte er zu dem Thema zurück, wie schlimm und schrecklich die russische Regierung ist, die den amerikanischen Journalisten Evan Gershkovich inhaftiert hat.

Während einer Pressekonferenz im Weißen Haus[2] am Mittwochnachmittag wurde Karine Jean-Pierre von Steven Portnoy von CBS News eine Frage gestellt, die so unbequem war, dass die Pressesprecherin sagte, sie würde sie gar nicht erst beantworten.

»Befürworter haben heute auf Twitter viel darüber gesprochen, dass es scheinheilig von den Vereinigten Staaten ist, darüber zu sprechen, dass Evan Gershkovich in Russland wegen Spionage inhaftiert ist, gleichzeitig aber eine Anklage nach dem Espionage Act gegen Julian Assange zu erheben. Können Sie auf diese Kritik eingehen?«, fragte Portnoy.

»Was ist die Kritik?«, fragte Jean-Pierre.

»Nun, die Kritik ist, dass – das Argument ist, dass Julian Assange ein Journalist ist, der die Veröffentlichung von Regierungsdokumenten betrieben hat«, antwortete Portnoy. »Die Vereinigten Staaten beschuldigen ihn eines Verbrechens nach dem Espionage Act, und deshalb verlieren sie die moralische Überlegenheit, wenn es um die Frage geht, ob ein Reporter im Rahmen seiner Arbeit Spionage betreibt. Können Sie darauf antworten?«

»Hören Sie, ich werde ab hier nicht mehr über Julian Assange und diesen Fall sprechen«, sagte Jean-Pierre.

Und dann tat sie es auch nicht. Sie wies Portnoys Frage einfach ohne Erklärung zurück, plapperte dann eine Weile über Dinge, die Biden gesagt hat, die die Pressefreiheit unterstützen, und sagte dann erneut: »Ich werde mich nicht zu Kommentaren über Julian Assange äußern.«[3]

So ein »Ich beantworte die Frage nicht, Sie können mich mal«-Ausweichmanöver ist für einen Pressesprecher des Weißen Hauses ein seltener Zug. Normalerweise sagen sie nicht einfach, dass sie sich weigern, eine höchst relevante und leicht zu beantwortende Frage zu beantworten, die ein Reporter ihnen gerade gestellt hat. Wenn die Frage zu unbequem ist, verfassen sie entweder eine lange und verwirrende Nicht-Antwort, sagen, dass die Antwort in die Zuständigkeit einer anderen Abteilung fällt oder dass sie eine Rückmeldung geben, wenn sie mehr Informationen haben. Es ist nicht die Regel, dass sie die Frage einfach wegwinken, ohne auch nur vorzugeben, einen Grund dafür angeben zu können.

Aber was hatte sie schon für eine Wahl? Wie die *Wall-Street-Journal*-Korrespondentin für das Weiße Haus, Sabrina Siddiqi, kürzlich auf MSNBC feststellte, besteht die Aufgabe des Pressesprechers des Weißen Hauses nicht darin, die Wahrheit zu sagen, sondern »bei der Sache zu bleiben und das Narrativ zu kontrollieren«. Der Fall Assange passt in keiner Weise zum Narrativ des Weißen Hauses. Erst neulich sagte Biden beim White House Correspondents' Dinner, dass »Journalismus kein Verbrechen ist«, wobei seine Verfolgung von Assange doch bewusst darauf abzielt, Journalismus zu kriminalisieren.[4]

Es gibt einfach keine Möglichkeit, die Art, wie sich die US-Regierung selbst präsentiert, mit ihren Bemühungen in Einklang zu bringen, die Auslieferung und Verfolgung von Journalisten auf der ganzen Welt unter dem Espionage Act zu normalisieren. Wenn es ihre Aufgabe ist, das Weiße Haus gut dastehen zu lassen, ist die einzige Möglichkeit, auf Fragen zur Scheinheiligkeit der USA im Fall Assange zu antworten, überhaupt nicht zu antworten.

Später auf der Pressekonferenz antwortete Jean-Pierre auf die Fragen eines anderen Reporters über die Pressefreiheit in China mit der Zusicherung, dass die Biden-Regierung »die Autokraten und ihre Unterstützer, die weiterhin freie und unabhängige Medien unterdrücken, zur Rechenschaft ziehen wird«.

Ebenfalls am Mittwochnachmittag erwähnte Matt Lee von der Associated Press (AP) den bereits genannten Code-Pink-Protest, um den stellvertretenden Sprecher des Außenministeriums, Vedant Patel, zu Assange zu befragen, welcher aber ähnlich unwillig zu sein schien, ihm eine richtige Antwort zu geben.[5]

»Darf ich Sie also fragen, wie es vielleicht etwas abrupt zu Beginn seiner Ausführungen heute Morgen angesprochen wurde, ob das Außenministerium Julian Assange als einen Journalisten betrachtet, auf den die Ideen des Welttags der Pressefreiheit zutreffen?«, fragte Lee.

»Das Außenministerium ist der Ansicht, dass Herr Assange in den Vereinigten Staaten wegen schweren kriminellen Verhaltens angeklagt ist, und zwar im Zusammenhang mit seiner mutmaßlichen Rolle bei einer der größten Kompromittierungen von klassifizierten Informationen in der Geschichte unseres Landes«, antwortete Patel. »Seine Handlungen gefährdeten die nationale Sicherheit der USA und kamen unseren Gegnern zugute. Er setzte namentlich genannte menschliche Quellen den ernsten und unmittelbaren Gefahren schwerer körperlicher Schäden und willkürlicher Inhaftierung aus. Es spielt also keine Rolle, wie wir eine Person kategorisieren, aber dies ist – wir betrachten dies als ein – als etwas – dass er wegen schweren kriminellen Verhaltens angeklagt wurde.«

»Ja, aber es ist tatsächlich wichtig, und das ist meine Frage. Glauben Sie, dass er ein Journalist ist oder nicht?«, fragte Lee.

»Wir sind der Ansicht, dass Herr Assange in den Vereinigten Staaten wegen schweren kriminellen Verhaltens angeklagt ist«, sagte Patel.

»Ja, aber jeder kann wegen allem angeklagt werden«, antwortete Lee. »Evan Gershkovich wurde in Russland wegen einer schweren Straftat angeklagt, und Sie sagen, er sei ein Journalist, und das ist er, offensichtlich. Und ich möchte nur wissen, ob Sie, das Außenministerium – unabhängig von den Anklagen, die gegen ihn erhoben werden – glauben, dass er ein Journalist ist oder dass er etwas anderes ist.«

»In den Vereinigten Staaten werden Menschen nicht willkürlich inhaftiert, und die richterliche Aufsicht und die Kontrollen, die wir in unserem System haben, unterscheiden sich ein wenig vom russischen System«, sagte Patel, bevor er seine Aussage wiederholte, dass Assange wegen eines sehr schweren Verbrechens angeklagt wäre.

»Okay. Also, im Grunde genommen haben Sie keine Antwort. Sie wollen nicht sagen, ob Sie ihn für einen Journalisten halten oder nicht«, antwortete Lee.

Auch hier gab es für Patel keine sicheren Antworten auf Lees Fragen, denn natürlich ist Assange unbestreitbar ein Journalist. Die Veröffentlichung von Informationen und Berichten im öffentlichen Interesse ist genau das, was Journalismus ausmacht; deshalb hat Assange so viele Preise für Journalismus gewonnen. Zu versuchen, zu behaupten, Assange sei kein Journalist, ist ein aussichtsloser Kampf.

Später in derselben Pressekonferenz wurde Patels Behauptung, Assange habe der nationalen Sicherheit der USA geschadet, von dem Journalisten Sam Husseini infrage gestellt.

»Sie sprechen davon, dass WikiLeaks angeblich die nationale Sicherheit der USA gefährdet«, sagte Husseini. Die Leute erinnern sich vielleicht daran, dass WikiLeaks bekannt wurde, weil sie das Video »Collateral Murder« veröffentlichten. Das Video zeigte, wie das US-Militär Reuters-Reporter – Mitarbeiter im Irak – niedermetzelte. Reuters forderte die US-Regierung wiederholt auf, die Informationen über diese Tötungen offenzulegen, was die US-Regierung wiederholt ablehnte. Erst durch das Kollateralmord-Video erfuhren wir, was passiert war, nämlich dass der US-Hubschrauber diese Reuters-Mitarbeiter niedermetzelte. Wollen Sie damit sagen, dass die Offenlegung solcher Verbrechen durch die US-Regierung die nationale Sicherheit der USA beeinträchtigt?«

»Ich werde nicht ins Detail gehen«, sagte Patel, bevor er seine Aussage wiederholte, dass Assange schwerer Verbrechen beschuldigt wird, die der nationalen Sicherheit der USA schaden.

Der Journalist Max Blumenthal twitterte zu Patels Äußerungen: »Diesem Pressesprecher des Außenministeriums zufolge ist die Inhaftierung von Julian Assange gerechtfertigt, weil er ›die nationale Sicherheit der USA gefährdet‹. Aber Assange ist kein amerikanischer Staatsbürger. Nach dieser Logik können die USA jeden ausländischen Journalisten, der die nationale Sicherheit der USA verletzt, entführen und auf unbestimmte Zeit festhalten.«

Es ist gut, dass Aktivisten und Journalisten so viel getan haben, um die Scheinheiligkeit des US-Imperiums aufzuzeigen, das selbstgerecht von seiner Liebe zur Pressefreiheit schwadroniert, während es den berühmtesten Journalisten der Welt verfolgt, weil er großartigen Journalismus betreibt. Das Aufzeigen dieser Scharade zeigt, dass dem US-Imperium die Pressefreiheit in Wirklichkeit völlig egal ist, außer in einem Maße, das ausreicht, um mit dem Finger auf Regierungen zeigen zu können, die es nicht mag.

Assange hat während seiner Arbeit bei WikiLeaks viele Dinge über unsere Machthaber aufgedeckt, aber keine dieser Enthüllungen war so bedeutsam wie die Enthüllung dessen, wie weit die USA bereit sind zu gehen, um einen Journalisten zum Schweigen zu bringen, der unbequeme Wahrheiten ausspricht.

Wir empfehlen: Bitterschokolade – der hohe Kakaoanteil schützt das Herz und stärkt die Nerven!

10
Die USA könnten eine Trennung von Medien und Staat gebrauchen

14. April 2023

Der Sprecher des US-Außenministeriums, Ned Price, wird durch einen Mann namens Matthew Miller ersetzt.[1] Wie Price hat auch Miller bereits umfangreiche Erfahrungen in der US-Regierung und in den Massenmedien gesammelt. Price ist ein ehemaliger CIA-Offizier und Mitarbeiter des Nationalen Sicherheitsrats der Obama-Regierung[2], der jahrelang als Analyst für NBC News tätig war[3], während Miller zuvor sowohl in der Obama- als auch in der Biden-Regierung tätig war und jahrelang als Analyst für MSNBC arbeitete[4].

Wie bei jedem hochrangigen Regierungssprecher wird Millers Aufgabe darin bestehen, die ruchlosen Dinge, die das US-Imperium tut, in ein positives Licht zu rücken und unbequeme Fragen mit wortkargen Nicht-Antworten zu umgehen. Das ist im Wesentlichen die gleiche Aufgabe wie die der Propagandisten in den Mainstream-Medien.

In der Journalistenschule wird einem beigebracht, dass es eine scharfe Grenze zwischen Regierung und Presse geben soll; Journalisten sollen die Regierung zur Rechenschaft ziehen. Es besteht ein offensichtlicher Interessenkonflikt, wenn sie auch mit Regierungsbeamten befreundet sind oder die Regierung als potenziellen künftigen Arbeitgeber betrachten. Aber auf den höchsten Ebenen der mächtigsten Regierung und den einflussreichsten Medienplattformen der Welt gibt es praktisch keine Grenze zwischen Medien und Staat; die Menschen wechseln nahtlos zwischen Rollen in den Medien und Rollen in der Regierung, je nachdem, wer im Amt ist.

Bei den Pressesprechern des Weißen Hauses wird diese unklare Trennung zwischen Regierung und Medien noch deutlicher. Die derzeitige Pressesekretärin Karine Jean-Pierre ist eine ehemalige Analystin der NBC News und MSNBC[5], und die letzte Pressesekretärin Jen Psaki hat jetzt ihre eigene Sendung auf MSNBC.[6] Vor ihrer Tätigkeit als Pressesprecherin des Weißen Hauses war Psaki als CNN-Analystin tätig, und davor war sie wie Price und Miller Sprecherin des Außenministeriums.

Saagar Enjeti
@esaagar · Follow

MSNBC analyst Matthew Miller will replace former MSNBC analyst Ned Price as spokesperson for the Biden State Department

Kylie Atwood @kylieatwood

New tonight: Sec Blinken announces that Matt Miller is the new State Dept Spox, saying he "benefitted greatly from Matt's wisdom, his experience in government, and his deep understanding of foreign policy when he was tapped to head up my nomination."

STATEMENT BY SECRETARY ANTONY J. BLINKEN

April 11, 2023

Announcing Matthew Miller as State Department Spokesperson

Today, I am appointing Matthew Miller as the next State Department Spokesperson. I benefitted greatly from Matt's wisdom, his experience in government, and his deep understanding of foreign policy when he was tapped to head up my nomination. Matt stepped up once again in the early months of Russia's further invasion of Ukraine when he took leave to join the National Security Council to lead our whole of government communications and outreach as part of our support for Ukraine's sovereignty and defense. Having previously served as Director of the Office of Public Affairs and spokesperson to Attorney General Eric Holder at the Department of Justice, Matt is no stranger to navigating and communicating on complex, global challenges like those we face today.

I also want to thank Vedant Patel, not only for stepping up as Acting Spokesperson, but for his continued work as Principal Deputy Spokesperson.

Matt, along with Vedant and rest of the Office of the Spokesperson, will continue the Department's commitment to access and transparency. I am grateful to Matt for once again agreeing to serve his country and look forward to once again benefitting from his counsel and expertise.

###

3:33 PM · Apr 12, 2023

Bild 36

Auf einer Veranstaltung des Nachrichten-Start-Ups Semafor wurde Psaki kürzlich gefragt, ob sie sich als Journalistin betrachtet.[7] Sie bejahte dies und fügte hinzu: »Für mich bedeutet Journalismus, die Öffentlichkeit mit Informationen zu versorgen, zu helfen, Dinge klarer zu machen, Dinge zu erklären.« Was ein bisschen komisch ist, wenn man bedenkt, dass Psakis politische Fraktion die letzten sieben Jahre damit verbracht hat, wütend darauf zu bestehen, dass WikiLeaks-Gründer Julian Assange *kein* Journalist ist. Im Land der liberalen Gehirnwindungen ist der größte Journalist der Welt überhaupt kein Journalist, aber Joe Bidens Spindoktor ist einer, weil sie ein Händchen dafür hat, »Dinge zu erklären«.

Damit Sie nicht den falschen Eindruck bekommen, dass dieses Phänomen nur bei den Demokraten und den mit ihnen verbündeten Medien auftritt, sei an dieser Stelle angemerkt, dass Trumps Pressesekretärin Sarah Huckabee Sanders unmittelbar nach ihrem Rücktritt von diesem Posten einen Job als Mitarbeiterin bei Fox News bekam[8] und jetzt Gouverneurin von Arkansas ist. Eine weitere Pressesekretärin der Trump-Regierung, Kayleigh McEnany, ist jetzt als Mitarbeiterin bei Fox News tätig und arbeitete zuvor für CNN.[9] Trumps erster Pressesprecher Sean Spicer *versuchte* Berichten zufolge, nach seiner Zeit im Weißen Haus Jobs bei CBS News, CNN, Fox News, ABC News und NBC News zu bekommen, wurde aber von allen abgelehnt, weil ihn niemand mag.[10]

Da es keine klare Trennung zwischen Medien und Staat gibt, unterscheiden sich die US-Medien nicht wesentlich von den staatlichen Medien, die der Westen mit so viel Energie in »tyrannischen Regimen« wie Russland und China verteufelt. Der einzige Unterschied ist, dass in tyrannischen Regimen die Regierung die Medien kontrolliert, während in freien Demokratien die Regierung die Medien *sind.*

Michael Tracey
@mtracey · Follow

Look at the questions that were asked by journalists at the Pentagon press briefing today. They're all about demanding answers for how the government plans to improve its ability to conceal newsworthy information from the public

Tara Kopp, AP: "What steps has DOD taken to reduce the number of people who have access to not only these classified briefings, but classified material in general?"

Jen Griffin, Fox News: "You say that there are strict protocols in place, and yet a 21-year old airman was able to access some of the nation's top secrets. How did this happen, and isn't this a massive security brief?"

Griffin, continued: "What is your message to anyone who might be thinking of leaking these kinds of documents in the future?"

Travis Tritten, Military.com: "Are there less people who have access to this type of information today than there were a week ago?"

Carla Babb, Voice of America: "What took so long for DOD and the intelligence community to locate these documents?"

David Martin, CBS: "Are you going to release this airman's service record?"

Brandi Vincent, DefenseScoop: "What technologies is the Pentagon applying right now to both spot leaked documents online and spot potential indicators of leaking type practices?"

Oren Liebermann, CNN: "Given the gravity of the situation, are you actively paring down the distribution lists now -- is this a process that's moving quickly?

Lara Seligman, POLITICO: "Can you say whether DOD has anyone looking at chat rooms on Discord for example or other social media platforms right now for leaked information?"

10:40 PM · Apr 13, 2023

2.1K Reply Copy link

Read 138 replies

Bild 37

In diesem Zusammenhang hat der Journalist Michael Tracey gerade auf Twitter angemerkt[11], dass sich alle Fragen, die während der heutigen Pressekonferenz des Pentagons zu den online durchgesickerten Dokumenten des Verteidigungsministeriums gestellt wurden, nicht auf die in diesen Dokumenten enthaltenen Informationen bezogen[12], sondern auf das Versäumnis des Pentagons, sie davor zu bewahren, an die Öffentlichkeit zu gelangen. Anstatt zu versuchen, mehr Informationen und Transparenz von ihren Regierungen zu erhalten, wie es Journalisten eigentlich tun sollten, drängen sie ihre Regierung dazu, mehr zu tun, um zu verhindern, dass wichtige Informationen *in die Hände von Journalisten* gelangen.

Das ist wohl ein weiterer Unterschied zwischen totalitären Regimen und freien Demokratien: In totalitären Regimen weist die Regierung die Medien an, unbequeme Fakten zu unterdrücken, während in freien Demokratien die Medien die Regierung anweisen, unbequeme Fakten zu unterdrücken.

Der Mann, der die Pentagon-Dokumente angeblich veröffentlichte, ein 21-jähriger Nationalgardist namens Jack Teixeira, wurde von der *New York Times* aufgespürt und enttarnt[13], noch bevor er vom FBI verhaftet wurde. Die *New York Times* stellte ein Team von einem Dutzend Reportern zusammen, um den Informanten ausfindig zu machen[14], und griff dabei sogar auf Berichte der vom Imperium finanzierten Propagandafirma Bellingcat zurück[15]. Diese Aufgabe, die normalerweise nur von Bundesagenten übernommen wird, wurde zuerst von Reportern der Mainstream-Presse übernommen; wir sind nur ein oder zwei Klicks davon entfernt, dass Reporter der *New York Times* die Türen von Leuten eintreten, geheime Informationen durchsickern lassen und ihre Hunde erschießen wie richtige Bundesagenten.

Und das alles, während der staatliche Propagandaableger NPR seinem Wutanfall darüber freien Lauf lässt, dass Twitter seinen Account korrekt als »Government Funded« (staatlich finanziert) bezeichnet, was eine Verbesserung gegenüber der ebenfalls korrekten früheren Bezeichnung als »US state-affiliated media« (US- staatsnahe Medien) darstellt. NPR hat nun offiziell Twitter aus Trotz verlassen[16], um mit der Begründung gegen die Kennzeichnung zu demonstrieren, dass »die Plattform Maßnahmen ergreift, die unsere Glaubwürdigkeit untergraben, indem sie uns fälschlicherweise unterstellt, dass wir redaktionell nicht unabhängig sind« ,was urkomisch ist, weil NPR keine Glaubwürdigkeit zu untergraben hat.

Wie ich kürzlich erörtert haben, wird NPR von der US-Regierung finanziert[17], fördert konsequent die Informationsinteressen der US-Regierung und wird vom ehemaligen Geschäftsführer des ausländischen Propagandanetzwerks der US-Regierung, der US Agency for Global Media, geleitet. Es verdient nicht einmal die Bezeichnung »staatlich finanziert«; es sollte genauso gekennzeichnet werden wie die russischen und chinesischen Staatsmedien, weil es sich nicht wesentlich von ihnen unterscheidet.

Noch lustiger war die Tatsache, dass Amerikas buchstäblich staatliches Medienunternehmen Voice of America[18] nun in sehr wenig hilfreicher Solidarität mit NPR steht, indem es ebenfalls gegen die Kennzeichnung »staatlich finanziert« protestiert, die auf seinem eigenen Konto angebracht wurde.

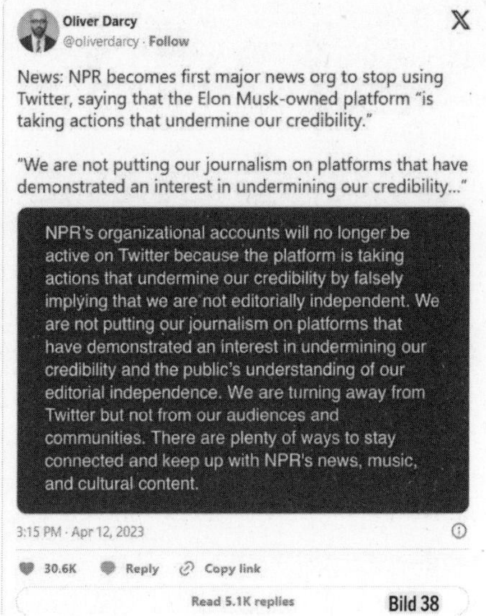

Bild 38

Voice of America schreibt in seiner eigenen »Nachrichten«-Berichterstattung über die Notlage von NPR folgendes[19]:

»Die Abteilung für Öffentlichkeitsarbeit von VOA wehrte sich am Montag ebenfalls gegen die Entscheidung von Twitter und erklärte, die Kennzeichnung erwecke den Eindruck, VOA sei kein unabhängiges Unternehmen.

Twitter hat auf die Bitte von VOA um eine Stellungnahme nicht reagiert.

VOA wird von der US-Regierung über die U.S. Agency for Global Media finanziert, aber seine redaktionelle Unabhängigkeit ist durch Vorschriften und eine Firewall geschützt.

Bridget Serchak, VOAs Direktorin für Öffentlichkeitsarbeit, sagte, dass die ›Bezeichnung »staatlich finanziert« potenziell irreführend ist und auch als »staatlich kontrolliert« ausgelegt werden könnte – was VOA ganz sicher nicht ist‹.

›Unsere redaktionelle Firewall, die im Gesetz verankert ist, verbietet jegliche Einmischung von Regierungsvertretern auf jeder Ebene in die Nachrichtenberichterstattung und den redaktionellen Entscheidungsprozess‹, sagte Serchak in einer E-Mail. ›VOA wird diese Unterscheidung in unseren Gesprächen mit Twitter weiterhin betonen, da diese neue Kennzeichnung unseres Netzwerks ungerechtfertigte Bedenken hinsichtlich der Genauigkeit und Objektivität unserer Nachrichtenberichterstattung hervorruft.‹«

Wie Branko Marcetic auf Twitter anmerkte[20], wurden diese Behauptungen über die »redaktionelle Unabhängigkeit von VOA von jemandem, der 35 Jahre lang dort gearbeitet hat, klar widerlegt. In einem 2017 erschienenen Artikel in der *Columbia Journalism Review* mit dem Titel »Sparen Sie sich die Empörung: Voice of America war nie unabhängig«[21], sagt VOA-Veteran Dan Robinson, dass sich solche Sender völlig von normalen Nachrichtenunternehmen unterscheiden und dass von ihnen erwartet wird, dass sie US-Informationsinteressen unterstützen, um staatliche Mittel zu erhalten.

Überall findet man weitreichende Verflechtungen zwischen der US-Regierung und den Nachrichtenmedien, durch die sich die Menschen im Westen über die Welt informieren, selbst wenn man noch nicht davon redet, dass die plutokratische Klasse, der die US-Medien gehören und die sie beeinflusst, auch nicht wirklich von der US-Regierung getrennt ist.[22] Wenn Unternehmen Teil der Regierung sind, sind Unternehmensmedien Staatsmedien.

Es scheint offensichtlich, dass die USA ein völlig anderes Land wären, wenn die Trennung von Medien und Staat und die Trennung von Unternehmen und Staat so verankert wären wie die Trennung von Kirche und Staat.

Der einzige Grund, warum die Amerikaner dem verrückten Status quo ihrer Regierung zustimmen, die die Menschen im eigenen Land verarmen lässt und unterdrückt, während sie Menschen im Ausland bombardiert und aushungert, ist, dass ihre Zustimmung von einer Medienklasse erzeugt wurde[23], die nicht wirklich von der Regierung getrennt ist. Wenn die Presse ihren Platz als oppositionelle Kontrolleure des Regierungsverhaltens einnehmen würde, wäre die Dynamik, die den Problemen der Nation zugrunde liegt, nicht länger vor der Öffentlichkeit verborgen.

Wir empfehlen: Regelmäßige Kontrolle der Sehschärfe – an Unschärfen gewöhnt man sich leicht!

11
Befreit diejenigen, die Missetaten der Regierung aufdecken, und sperrt diejenigen ein, die versuchen, sie zu vertuschen

18. April 2023

Der stets aufschlussreiche Branko Marcetic hat bei *Jacobin* einen neuen Artikel mit dem Titel »Nach der Enthüllung von Ukraine-Dokumenten, übersehen die Mainstream-Medien die eigentliche Geschichte«[1] veröffentlicht, in dem es um die Art und Weise geht, wie imperiale Narrativ-Manager den Diskurs über die von Jack Teixeira enthüllten Informationen aus dem Pentagon manipuliert haben.

Marcetic kritisiert die Art und Weise, wie Massenmedien wie die *Washington Post* und die *New York Times* (die Teixeira tatsächlich aufspürten und outeten[2], bevor das FBI ihn überhaupt verhaftet hatte) die Diskussion von den Inhalten der Leaks weg und hin zu Diskussionen darüber steuerten, wie schlimm Leaks allgemein sind und was für ein schlechter, schlechter Mensch Teixeira ist.

»Was ist schädlicher für die US-Demokratie?«, fragt Marcetic »Dass der Präsident heimlich US-Camps in ein unglaublich gefährliches, ständig eskalierendes Kriegsgebiet schickt, dabei ausdrücklich ein Versprechen bricht und gegen den Willen der Mehrheit der Wählerschaft handelt? Oder dass die Öffentlichkeit endlich darüber informiert wurde? Wenn wir wirklich glauben, dass ›die Demokratie in der Dunkelheit stirbt‹, dann ist es wenig sinnvoll, sich vehement dagegen zu wehren, ein Licht einzuschalten.«

»Es bedeutet auch, dass weniger Zeit und Energie darauf verwendet wird, über den jahrelangen, parteiübergreifenden Krieg gegen Leaks nachzudenken, in den zuletzt dieser junge Flieger verwickelt wurde«, fügt Marcetic hinzu. »Es bedeutet, dass niemand über die mittlerweile routinemäßige Praxis der Regierung diskutiert, das Leben von Menschen, selbst wegen zugegebenermaßen unbedeutender Leaks, zu ruinieren. Und darüber, dass der Sinn dahinter ist, Leute mit potenziellen zukünftige Leaks einzuschüchtern und sicherzustellen, dass die politische und wirtschaftliche Elite weiterhin im Verborgenen agieren kann.«

Ich habe viele Diskussionen[3] über die Möglichkeit gesehen, dass Teixeira ein unwissentlicher Sündenbock ist und dass diese Leaks vom US-Geheimdienstkartell selbst platziert wurden, um verschiedene außenpolitische Agenden zu unterstützen und/oder Zustimmung für das abscheuliche RESTRICT-Gesetz zu erzeugen, und das ist möglich – mit Abstand die meisten Dokumente der US-Regierung werden von der US-Regierung selbst geleaked. Aber unabhängig davon, ob das hier der Fall war oder nicht, scheint es offensichtlich, dass dieser junge Mann viele Jahre hinter Gittern in einem der drakonischsten Gefängnissysteme unseres Planeten verbringen wird.

Bild 39

Teixeiras Leben wird ruiniert, vielleicht für immer, mit der Begründung, dass er Wahrheiten über seine Regierung offenbart hat. Das ist das einzige Verbrechen, das ihm zur Last gelegt wird.

Und ich glaube, dass die Leute dem nicht genug Beachtung schenken, wie verrückt und empörend es ist, dass das geschieht. Es ist umso ärgerlicher, je mehr man darüber nachdenkt. Die Regierung hat kein Recht, der Öffentlichkeit wichtige Dinge vorzuenthalten, schon gar nicht, wenn es um die Lügen und Missetaten ihrer Regierung geht, und sie hat noch weniger das Recht, Menschen dafür *zu bestrafen,* dass sie versuchen, diese Informationen an die Öffentlichkeit zu bringen, wo sie hingehören.

Wenn staatliche Missetaten aufgedeckt werden, sollten nur diejenigen bestraft werden, die sie begangen haben, und diejenigen, die versucht haben, sie zu vertuschen. Teixeira, Edward Snowden, Julian Assange, Daniel Hale, David McBride – sie alle sollten frei und ohne Angst vor Verfolgung leben. Und diejenigen, die sie verfolgt haben, gehören ins Gefängnis.

Es ist einfach verrückt, wie selbstverständlich davon ausgegangen wird, dass Regierungen diese Geheimnisse aus guten und edlen Gründen bewahren, die mit so viel Gewalt wie nötig geschützt werden müssen, obwohl wir genau wissen, dass dies falsch ist, es seit Generationen wissen. Wie Julian Assange einmal sagte: »Die überwältigende Mehrheit der Informationen ist geheim, um die politische Sicherheit zu schützen, nicht die nationale Sicherheit.«[4]

Bild 40

Die Menschen sollten nicht dafür bestraft werden, dass sie die Geheimnisse der Regierung preisgeben, sondern die Regierungen sollten dafür bestraft werden, dass sie Geheimnisse vor den Menschen haben.

Es sollte nicht illegal sein, die Missbräuche und Täuschungen Ihrer Regierung aufzudecken, sondern es sollte illegal sein, dass Ihre Regierung missbraucht und täuscht.

Die Regierung sagt, Geheimhaltung sei notwendig, um Kriege zu gewinnen und die Freiheit zu schützen. Die Geschichte zeigt, dass die Regierung Geheimhaltung dazu nutzt, Kriege zu beginnen und die Freiheit einzuschränken.

Die Menge an Macht, die man hat, sollte umgekehrt proportional zu der Menge an Geheimhaltung sein, die einem zugestanden wird. Diejenigen, die die meiste Macht haben, sollten ein völlig offenes Buch sein und vor niemandem etwas verbergen dürfen, während diejenigen mit der geringsten Macht eine völlig ungehinderte Privatsphäre haben sollten. Stattdessen ist genau das Gegenteil der Fall: Gewöhnliche, machtlose Menschen werden immer mehr überwacht, während die Regierungen immer geheimnisvoller und unberechenbarer werden.

Die Abschaffung des Staatsgeheimnisses würde *so* viele Probleme lösen – zum einen, weil Amtsmissbrauch am besten im Dunkeln funktioniert, und zum anderen, weil es der Demokratie eine Chance geben würde, indem es den Wählern ermöglichen würde, informierte Entscheidungen darüber zu treffen, was in ihrer Welt vor sich geht. Man kann nicht behaupten, eine Demokratie zu sein, wenn man Regierungsgeheimnisse, Zensur, Propaganda, die Manipulation von Algorithmen im Silicon Valley und den Krieg gegen den Journalismus einsetzt, um zu kontrollieren, was die Menschen sehen. Die Menschen können ihre Stimme nicht nutzen, um positive Veränderungen zu bewirken, wenn sie nicht sehen können, was passiert.

Das ist die Sache mit dem Slogan der *Washington Post:* »Demokratie stirbt im Dunkeln«. Er ist absolut wahr, es ist nur so, dass die *Washington Post* aktiv dazu beiträgt, dass die Dinge im Dunkeln bleiben.

Sollte ich jemals über eine magische Wunderlampe stolpern, sind die Dinge, die ich bereit wäre, in der Welt zu ändern, sehr begrenzt, weil ich nicht in die menschliche Souveränität eingreifen möchte, aber die Fähigkeit der Mächtigen, die Wahrheit zu verschleiern, zu verzerren und zu beseitigen, ist etwas, für das ich mich gerne einsetzen würde. Schluss mit der Geheimhaltung durch die Regierung, Schluss mit der Zensur, Schluss mit der Propaganda, Schluss mit der Manipulation der Algorithmen im Silicon Valley und Schluss mit dem Krieg gegen den Journalismus, damit die Menschen sehen können, was in ihrer Welt wirklich vor sich geht, und dazu beitragen können, die Dinge in eine positive Richtung zu lenken.

Wir empfehlen: Verschaffen Sie sich Klarsicht und bleiben Sie mutig!

12
Ideologische Echokammern machen uns alle dumm

14. Mai 2023

Amerikanische Liberale haben tagelang gegen CNN gewettert[1], weil der Sender eine Town-Hall-Versammlung mit Donald Trump veranstaltet hat, als sei dies das Schlimmste, was CNN je getan hat. CNN ist nicht schrecklich, weil er Trump eine »Plattform« geboten hat, er ist schrecklich, weil er eine imperialistische Propagandafirma ist, deren einzige Aufgabe darin besteht, Menschen zu täuschen, damit sie die verkommensten Pläne der mächtigsten Menschen der Welt unterstützen. Diese Town-Hall-Versammlung zu veranstalten war eine der *harmlosesten* Dingen, die CNN je getan hat.

Die Liberalen sollten sich nicht über CNN aufregen, weil ihr Vertrauen missbraucht hat, indem er Trump eine Plattform geboten hat, sondern über sich selbst, weil sie CNN vertrauen. Der Sender ist viel, *viel* schlimmer, als sie sich vorstellen.

Wenn Sie es schockierend und widersprüchlich finden, dass Elon Musk einen neuen Twitter-CEO eingestellt hat, der einen Hintergrund in den Mainstream-Medien und dem Weltwirtschaftsforum (WEF) hat[2], dann ist das wahrscheinlich ein Hinweis darauf, dass Ihre Weltsicht nicht von einer genauen Wahrnehmung dessen geprägt ist, was wirklich passiert. Sie haben sich wahrscheinlich keine ernsthaften Gedanken über Musk gemacht und Sie haben sich wahrscheinlich keine ernsthaften Gedanken über das WEF gemacht. Für diejenigen, die beide als Vertreter des Status quo des globalen Kapitalismus sehen, ist daran nichts überraschend.

In vielen rechten Kreisen wird die Wohltätigkeit von Musk massiv überbewertet und die Natur des WEF stark verzerrt. In Wirklichkeit sind beide nur einfache Erscheinungsformen der alltäglichen kapitalistischen Dystopie, in der wir leben, und sie sind stark an der Aufrechterhaltung dieser Dystopie interessiert.

In letzter Zeit diente das WEF als ideologischer Sündenbock für die Rechten, die dem Establishment kritisch gegenüberstehen, aber ideologisch nicht in der Lage sind, die Rolle des Kapitalismus in diesem Schlamassel zu erkennen. Sie betrachten das WEF als eine verrückte Abweichung und nicht als das wahre Gesicht des Kapitalismus, den sie unterstützen. In solchen Kreisen hat das WEF die Rolle eines schurkischen Antagonisten übernommen, auf den die Kapitalismusbefürworter zeigen und sagen können: »Seht euch diese Freaks an, sie ruinieren den Kapitalismus!« Dabei ist der WEF in Wirklichkeit nur das Gesicht des Kapitalismus in seinem heutigen Stadium.

Der neue Mitarbeiter von Musk ist kein Hinweis darauf, dass sich etwas geändert hat oder etwas Neues passiert. Was auch immer von nun an mit Twitter geschieht, stand fest, als Musk Twitter kaufte.

Dass die Biden-Administration die von der Trump-Administration aufgestellten Anforderungen an die Transparenz der Finanzierung von Denkfabriken aufhebt[3], ist eines der für die Biden-Administration typischsten Dinge, die je passiert sind.

Ein ideologisch breit gefächertes Publikum zu haben, hat mir wirklich vor Augen geführt, wie politisch verschlossen heutzutage jeder zu sein pflegt. Die Leute sind immer wieder überrascht, dass sie in einigen Dingen mit mir übereinstimmen und in anderen nicht, entweder positiv mit so etwas wie »Wow, wir sind wirtschaftlich nicht auf der gleichen Wellenlänge, aber ich mag vieles von dem, was du sagst«, oder negativ mit »Oh, mein Gott, wie kann jemand so recht haben, was Krieg und Autoritarismus angeht, aber *so falsch liegen*, was den Kapitalismus angeht?«.

Dies würde ihnen aber nur als überraschend oder ungewöhnlich auffallen, wenn es sich um etwas handelt, das sie normalerweise im Leben nicht erleben. Das ist ein Zeichen dafür, dass etwas nicht stimmt, denn es ist normal in menschlichen Interaktionen, dass man manchmal mit Menschen übereinstimmt und manchmal nicht. Man erlebt das im Leben ständig, wenn man zulässt, dass sich Interaktionen natürlich entwickeln.

Das zeigt nur, wie erfolgreich die Mächtigen dabei sind, die Bevölkerung in ideologische Echokammern zu treiben, in denen ihnen eine auf ihre ideologischen Vorlieben zugeschnittene Propaganda verabreicht werden kann:

- Wir müssen Russland bekämpfen, weil Putin ein homophober Hitler ist.
- Wir müssen China bekämpfen, weil die asiatischen Kommunisten hinter uns her sind.
- Wir brauchen eine Internetzensur, um den Rechtsextremismus zu bekämpfen.
- Wir brauchen mehr militarisierte Polizisten zur Bekämpfung von Verbrechern.
- Etc.

Die Propaganda des Imperiums ist auf die jeweilige ideologische Echokammer zugeschnitten, so dass sie sich möglichst widerstandslos einschleusen lässt.

Deshalb betrachte ich es als einen Sieg, wenn ich trotz der dicken Wände gesunde Ideen und Informationen in einige Echokammern schleusen kann. Wenn sich unter meinen Nachrichten auch solche von *shitlibs*[4] oder Rechtsradikalen finden, die auf etwas antworten, das ich auf meiner Seite veröffentlicht habe, bedeutet das, dass ich erfolgreich Löcher in die Matrix gestanzt habe.

Wir müssen nicht mit jeder politischen Meinung, auf die wir treffen, übereinstimmen. Es ist nicht normal, ohne Ausnahme mit einer Person oder einer politischen Gruppierung übereinzustimmen. Wenn Sie bei jedem Thema immer mit dem von Ihnen bevorzugten Teil des politischen Spektrums übereinstimmen, bedeutet das, dass Sie aufgehört haben, selbst zu denken, und sich einfach von der Herde mitziehen lassen. Meinungsverschiedenheiten sind normal. Allgemeine Zustimmung ist ein Symptom einer schwächenden Krankheit.

Ich bin noch nie jemandem begegnet, mit dem ich immer einer Meinung bin, und es wäre dumm, das zu erwarten. Ich stimme mit den Kommunisten, denen ich folge, und den Libertären und allen anderen in verschiedenen Fragen überein und widerspreche ihnen in anderen. Ich stimme Aussagen von Noam Chomsky, Glenn Greenwald, Alex Jones, Donald Trump, Joe Biden und Xi Jinping zu und widerspreche anderen. Und das sollten Sie auch. Das ist ganz normal.

Wir empfehlen: Trainieren Sie sich Robustheit an und rechnen Sie mit dem Schlimmsten!

13
Der Kreml hat sich nicht selbst getötet

6. Mai 2023

Ihren Herrschern ist es egal, welcher Ethnie Sie angehören. Es ist ihnen egal, ob Sie schwul, transsexuell oder nichtbinär sind. Es ist ihnen egal, wie viele Kugeln Sie in Ihrer Waffe haben dürfen. Es ist ihnen gleichgültig, ob Sie abtreiben dürfen oder nicht. Es ist ihnen egal, ob Sie rassistisch, sexistisch, ableistisch, altersdiskriminierend, fremdenfeindlich, homo-, trans- oder fettphob sind. Sie interessieren sich nicht für diverse Repräsentation in der Politik oder in den Medien. Alles, was sie interessiert, ist, dass wir alle weiterhin so denken, sprechen, arbeiten, konsumieren und wählen, dass sie reich und mächtig bleiben und wir arm und machtlos. Und sie werden dafür sorgen, dass wir uns so intensiv wie möglich über die Dinge streiten, die ihnen egal sind, damit wir unsere Aufmerksamkeit nicht auf die Dinge richten, die ihnen nicht egal sind.

Das bedeutet nicht, dass diese anderen Probleme nicht wichtig sind, und in der Tat können unsere Machthaber nur davon profitieren, wenn sie die Ungerechtigkeiten im Zusammenhang mit für sie unwichtigen Problemen verschärfen, um die Aufmerksamkeit auf diese für sie bequemen Bereiche zu lenken. Aber die Lösung für die Probleme, die unseren Herrschern *egal* sind, ist dieselbe wie die Lösung für die Probleme, die unseren Herrschern *nicht egal* sind: Stürzt unsere Herrscher.

Die westlichen Massenmedien überschwemmen den Äther[1] mit der gängigen Theorie, dass der Drohnenangriff auf den Kreml am Mittwoch unter »falscher Flagge« geschah, also dass

Russland sich das selbst angetan hat, um eine ruchlose Agenda voranzutreiben.

Dinge passieren unter falscher Flagge, das kommt vor, aber so zu tun, als sei dies die wahrscheinlichste Erklärung für den Bombenanschlag auf den Kreml, wenn sich Russland derzeit im Krieg mit einem Nachbarn befindet, der die Mittel, das Motiv und die Gelegenheit hatte, diesen Angriff auszuführen, ist etwas, was nur ein Propagandist tun würde. Vor allem, wenn Oligarchen aus diesem Nachbarland offen dazu aufrufen, Russland gegen finanzielle Belohnungen mit Drohnen anzugreifen[2], wenn Selenskyjs gleichzeitige Abwesenheit im Land[3] einen sofortigen Vergeltungsschlag verhindert hat und wenn Propagandisten vom *Atlantic* begeistert über die hochentwickelten Drohnenanlagen schreiben[4], die sie in der Ukraine besucht haben.

Im Jahr 2017 wurde ich vorübergehend von Facebook gesperrt[5], weil ich einen Artikel über bekannte False-Flag-Operationen gepostet hatte, denn bis 2022 galten False-Flag-Operationen bei den Mainstream-Narrativ-Managern als verrücktes Spinnerkonzept. Das änderte sich in dem Moment, als die Idee für die westlichen Propagandisten nützlich wurde.

Bild 41

Als sich das Anfang 2022 änderte, waren die Journalisten zunächst überrascht, denn bis dahin war der Begriff »False-Flag-Operation« immer nur benutzt worden, um Leute wie Alex Jones abzutun[6]:

Ich sage, wir bewaffnen Russland gegen Russland. Wenn es seine eigenen Regierungsgebäude, seine eigenen Pipelines, seine eigenen erbeuteten Kraftwerke bombardiert[7], dann ist es die beste Stellvertreterkraft gegen Russland, die wir haben. Sendet den Russen sofort Panzer und F-16-Kampfjets.

Russland kämpft dort drüben gegen Russland, damit wir hier nicht gegen Russland kämpfen müssen.

Ein Westler, der die Hälfte seiner Zeit damit verbringt, das US-Imperium zu kritisieren, und die andere Hälfte damit, die Feinde des US-Imperiums zu kritisieren, sorgt nicht für »Ausgewogenheit«, sondern trägt nur die Hälfte seiner Zeit zu einem ohnehin schon sehr unausgewogenen Informationsumfeld bei, das in überwältigender Weise zugunsten US-freundlicher Darstellungen verzerrt ist.

Leute im Westen antworten auf Kritik an der US-Außenpolitik ständig mit »Du liebst Putin und hältst ihn für gut«, weil sie wirklich Anhänger einer »Die Guten gegen die Bösen«-Weltanschauung sind – wie in einem Zeichentrickfilm für Kinder. Wenn man sagt, dass eine Seite schlecht ist, bedeutet das für sie, dass man die andere Seite für gut hält.

Für einen reifen Erwachsenen ist Kritik an der US-Außenpolitik nichts anderes als Kritik an der US-Außenpolitik, etwas, das jeder ständig äußern sollte. Für ein von Propaganda verwöhntes Kleinkind ist es ein Kampf zwischen Gut und Böse, und wenn man nicht das eine ist, muss man zwangsläufig das andere sein.

Verrückt, wie die Reaktion auf die Aussage der Demokraten »Ihr müsst für den korrupten Kriegstreiber mit Demenz stimmen, sonst wird Amerika vom Faschismus überrollt« meist »Okay, wir werden für den korrupten Kriegstreiber mit Demenz stimmen« und nicht »Okay, dann müssen wir eben das ganze System niederreißen« ist.

Die Lektüre von Julian Assanges sardonischem Brief an den (britischen) König[8] im Stil von Jonathan Swift erinnert uns daran, was sie uns genommen haben. Seine Veröffentlichungen und seine Verfolgung haben überschattet, was für einen scharfen Verstand er hat. Wir könnten seine Analysen gerade jetzt gut gebrauchen, aber sie haben ihn vom Netz genommen.

Es ist unerträglich selbstgerecht und herablassend, wenn sich ältere Generationen darüber Sorgen machen, was aus den neuen Generationen wird. Stellen Sie sich vor, dass Sie eine völlig verrückte Zivilisation und eine sterbende Welt erben und Sie sich dann auch noch von den Menschen, die sie so gemacht haben, anhören müssen, dass Ihre Generation es nicht richtig macht.

Bild 42

Wenn Sie sich über die neuen Generationen sorgen, dann besser nicht darüber, dass sie sich zu sehr von den alten unterscheiden, sondern darüber, dass sie ihnen zu ähnlich bleiben. Wir haben es hier draußen nicht gerade gerockt, Leute. Wir sind gescheitert. Wir sind so hart auf die Nase gefallen, wie eine Generation nur auf die Nase fallen kann. Hoffen wir einfach, dass sie sich so sehr von uns unterscheiden, dass sie unsere Fehler rückgängig machen können.

Wenn Scherzkekse auf dem Gelände einer elitären Krönungsfeier einen riesigen Penis mähen[9], fühlt sich das an wie der Anfang vom Ende von etwas. Die Menschen finden die Vorstellung eines britischen Königs im Jahr 2023 absurd, und die Zustimmung gegenüber der Monarchie wird von nun an nur noch fallen. Idole fallen immer wieder von ihren Podesten.

So etwas passiert überall: Persönlichkeiten des öffentlichen Lebens, die einst ein hohes Ansehen genossen, verlieren immer mehr Ansehen. Der Pädophilie-Skandal der katholischen Kirche war sowas wie der Anfang. Twitter hat allen gezeigt, dass Prominente nur Idioten mit schlechten Meinungen sind. Die US-Präsidenten sind inzwischen lächerliche Karikaturen, der letzte ein zusammenhangsloser Possenreißer und der aktuelle ein demenzkranker Verlierer.

Und es fühlt sich an, als würde es immer schneller gehen. Der Dalai Lama versucht, einem Kind einen Zungenkuss zu geben. Chomsky trifft sich mit Epstein. Bernie Sanders bettelt geradezu darum, dem Establishment dienen zu dürfen, das er einst lautstark angeprangert hat. Man kann seine Helden einfach nicht immer behalten.

Die Podeste, auf die wir Menschen früher gehoben haben, werden durch die Tatsache ausgehöhlt, dass alles so viel sichtbarer ist als früher. Es wird nie mehr Heilige geben, denn im Zeitalter der allgegenwärtigen Kameras können die Menschen nicht mehr fälschlicherweise behaupten, dass »Wunder« geschehen sind, wenn es kein Video gibt. Wir sind in der Lage, Beweise, Ideen und Informationen exponentiell schneller und effektiver zu verbreiten als früher, und wir können dies auf einer Graswurzelebene tun. Es stellt sich heraus, dass dann all die besonderen Menschen, zu denen wir früher aufgesehen haben, nicht mehr so besonders wirken.

Und natürlich sehen sie nicht so besonders aus, weil sie eben nicht so besonders *sind*. All die Menschen, die wir früher als uns überlegen angesehen haben, waren immer genauso große Trottel wie wir selbst.

Ich denke, diese wachsende kollektive Erkenntnis hat etwas sehr Ermächtigendes und Demokratisierendes.[10]

Wir empfehlen: Melissentee – er beruhigt und wirkt antientzündlich!

14
Es ist gut, wenn Idole von Podesten gestoßen werden

2. Mai 2023

Jeffrey Epstein, Woody Allen und Noam Chomsky gingen eines Abends zum Essen aus.

Es gibt keine Pointe, das ist einfach etwas, das passiert ist.[1]

Natürlich wird nichts, was über Epstein selbst herauskommt, jemals so bedeutend sein wie die Tatsache, dass mächtige Geheimdienste[2] Kinder als Sexsklaven benutzen, um unsere Gesellschaft durch Erpressung zu beeinflussen.[3]

Der Anti-China-Propaganda muss energisch entgegengetreten werden. Die militärische Einkreisung Chinas[4] durch die USA nimmt rapide zu, und es werden die Schleusen geöffnet, um so schnell wie möglich Waffen nach Taiwan zu liefern[5], und das stößt fast nirgendwo auf Widerstand. Die Menschen wissen kaum, dass es geschieht.

Die Propagandakampagne gegen China muss *jetzt* bekämpft werden, weil sie *jetzt* eine Bedrohung darstellt, und auch, weil die Öffentlichkeit sonst, wenn es an der Zeit ist, die Kriegsschiffe tatsächlich loszuschicken, einfach zustimmen wird, da die Kriegspropaganda die ganze Zeit über unangefochten blieb. Ab einem bestimmten Punkt kann ein Propagandanarrativ so viel Schwung gewinnen, dass man ihm einfach nicht mehr widerstehen kann. Das können wir nicht einfach ignorieren.

Die US-Allianz kesselt Russland und China unbestreitbar in einer Weise ein[6], die sie selbst nie zulassen würde. Die einzige Möglichkeit, diese Diskrepanz zu verteidigen, besteht darin, zu sagen: »Es ist in Ordnung, wenn wir es tun, denn sie sind die

Bösen, und wir sind die Guten«, und so ein Verständnis ist kindisch.

Zu glauben, dass »Demokratien« Dinge tun dürfen, die »Autokratien« nicht tun sollten, ist nichts anderes als eine erwachsener klingende Version der Handlung jedes Kinderfilms, die Guten gegen die Bösen. Das hält nicht einen Augenblick kritischen Denkens stand.

Bild 43

Selbst wenn Sie einer infantilen »Good-Guys-vs.-Bad-Guys«-Weltanschauung anhängen, sprechen alle Fakten dafür, dass die USA als Letztere zu betrachten sind. Russland und China haben das 21. Jahrhundert nicht damit verbracht, Millionen von Menschen in Angriffskriegen zu töten[7], zum Beispiel. Russland und China haben nicht ganze Nationen auf der ganzen Welt mit Wirtschaftskriegen für das Verbrechen des Ungehorsams gestraft. Russland und China haben den Planeten nicht mit Hunderten von Militärbasen umkreist, um die Welt zu beherrschen. Russland und China haben nicht geplant, jede Nation zu zerstören, die ihnen nicht gehorcht. Nur die USA tun diese Dinge.

Eine gute Frage, die man jemandem stellen kann, lautet: »Welche Verschwörungstheorie könnte Ihrer Meinung nach wahr sein?« Wenn es Ihnen schwerfällt, auch nur eine zu nennen, bedeutet das, dass sie nichts infrage stellen. Wenn sie nichts in Frage stellen, denken sie überhaupt nicht.

Wenn Sie bei allem, was geschieht, an die offizielle Geschichte glauben, dann denken Sie nicht, sondern Sie wiederholen. Wenn Sie nur die Fragesteller infrage stellen, dann sind Sie kein Individuum mit eigenem Verstand, sondern ein Vollstrecker des Status quo. Sie sind so sehr eine eigenständige Person mit eigenen Gedanken, wie ein Autoradiolautsprecher getrennt vom Klang des Discjockeys ist.

Die inneren Widersprüche des Imperiums und seine Scheinheiligkeit sind so offenkundig, dass es sich manchmal kaum lohnt, darauf hinzuweisen. Aber es *muss* immer wieder darauf hingewiesen werden, weil die Mehrheit der Menschen sie immer noch nicht sieht.

Ich denke, es ist wahrscheinlich eine gute Sache, wenn unsere Idole von den Podesten gestoßen werden, auf die wir sie gestellt haben. Chomsky. Bernie. Der Dalai Lama. Es ist nicht gesund, andere über uns selbst zu erheben, anstatt sie als normale menschliche Wesen zu sehen, die genauso irren können wie jeder andere.

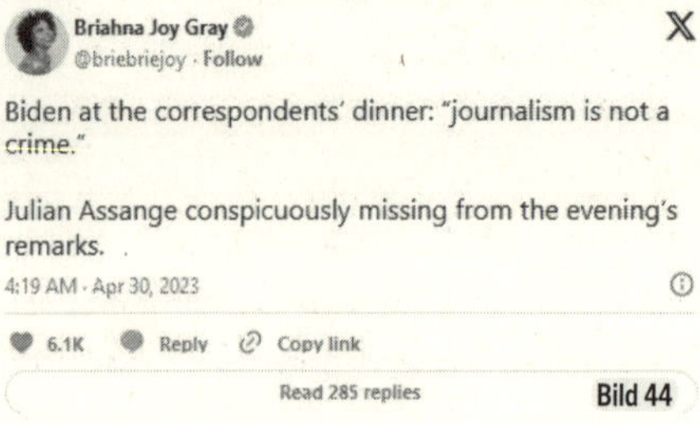

Bild 44

Unsere gesamte Kultur – Filme, Schulbücher, Religionen usw. – lehrt uns, immer auf der Suche nach Helden zu sein. Sie sagt uns, dass wir außerhalb von uns selbst nach gefeierten Führern suchen sollen, die uns zeigen, wohin wir gehen sollen. Und ich denke, das ist eine schreckliche Pflichtvergessenheit – es ist unsere Pflicht, die Wahrheit selbst zu finden.

Einer der schlimmsten Fehler, die man machen kann, besteht darin, seine Verantwortung zu vernachlässigen, für sich selbst ein auf Wahrheit basierendes Verständnis der Realität zu entwickeln. Die Menschen geben diese Verantwortung an Journalisten, Experten, »Vordenker«, Lehrer, Prediger und Gurus ab, aber damit vernachlässigen sie eine sehr heilige Pflicht. Wie Terence McKenna sagte: »Sie müssen den Gedanken ernst nehmen, dass das Universum zu verstehen Ihre Verantwortung ist, denn das einzige Verständnis des Universums, das Ihnen nützlich sein wird, ist Ihr eigenes.« Schieben Sie diese Verantwortung nicht auf jemand anderen ab.

Sie sind die einzige Autorität über Ihr eigenes Weltbild. Es steht Ihnen nicht zu, auf diese Autorität zu verzichten, nur weil jemand anderes in einem selbstbewussten und autoritären Ton über etwas spricht. Finden Sie die Wahrheit für sich selbst heraus. Schenken Sie niemandem blindes Vertrauen, wenn es um das Verstehen der Realität geht, mir natürlich auch nicht.

Es ist entmündigend, Idole zu haben, weil sie den trügerischen Eindruck erwecken, dass die Lösung für unsere Probleme irgendwo außerhalb von uns selbst liegt. In Wirklichkeit wird kein Einzelner jemals die massiven Probleme lösen, vor denen die Menschheit jetzt steht. Wir werden alle dafür gebraucht.

Die Wahrheit existiert nicht in einer anderen Person; sie muss von Ihnen selbst herausgefunden werden. Die Revolution versteckt sich nicht in einem gefeierten Helden; sie muss aus uns selbst kommen. Erleuchtung existiert nicht in irgendeinem erhabenen zukünftigen Zustand; sie ist jetzt hier und muss nur erkannt werden.

Die gesunde Art, mit berühmten Persönlichkeiten umzugehen, besteht darin, sie wie jeden anderen Menschen zu betrachten: Wenn sie etwas Nützliches sagen, dann nutzen Sie es, wenn sie etwas Unnützes sagen, dann lassen Sie es. Man sollte sie nie so hoch einschätzen, dass man von ihnen erwartet, immer alles richtig zu machen, oder dass man sich enttäuscht oder verraten fühlt, wenn sie etwas falsch machen.

Es ist entmündigend, Menschen auf ein Podest zu stellen, und es macht auch keinen Spaß, auf dem Podest zu stehen. Ich erschaudere immer ein wenig, wenn ich sehe, dass jemand mich ständig *als Person* lobt, anstatt sich von Fall zu Fall auf die besonderen Verdienste meiner Arbeit zu konzentrieren, nicht weil ich ein Problem damit habe, Komplimente zu bekommen, sondern weil ich weiß, dass sie mich eines Tages von diesem Podest hinunterstoßen müssen. Jeder, der aufrichtig an der Wahrheit interessiert ist, wird irgendwann einige Idole von ihren Podesten stoßen müssen, denn sie dort zu behalten, wird unweigerlich zu einem Hindernis für das eigene Verständnis dessen, was wahr ist. Die ganze Beziehung ist einfach für alle Beteiligten äußerst unangenehm.

Heldengeschichten lassen einen nach Helden außerhalb seiner selbst suchen. Idole lassen einen nach der Wahrheit außerhalb seiner selbst suchen. Gurus halten die Suche nach Erleuchtung außerhalb ihrer selbst. Es ist gut, sich all das Wissen und die Weisheit zunutze zu machen, die es in der Welt gibt, aber lassen Sie sich nicht dazu verleiten, an der falschen Stelle nach Schätzen zu graben.

Wir empfehlen: Drehen Sie eine Runde an der frischen Luft und dann: weitermachen – irren ist menschlich!

15
Technik wäre in Ordnung, wenn wir nicht von Monstern regiert würden

20. April 2023

Militarisierte Roboter sind die Anti-Guillotine. Sie sind die endgültige Lösung für das uralte »Es gibt viel mehr von uns als von unseren Herrschern«-Problem. Jeder, der über Reichtum und Macht verfügt, hat ihre schrittweise Einführung mit großem Interesse verfolgt, während er versuchte, das nicht zu sehr zu zeigen.

So viele neue Technologien wären ein Grund zum Feiern, wenn unsere Herrscher nicht so verdammt böse und unsere Systeme nicht so verdammt unterdrückend wären. In einer gesunden Gesellschaft würden wir die Automatisierung und die künstliche Intelligenz feiern, die uns immer mehr Überfluss und Freizeit bescheren; stattdessen fürchten wir uns vor Polizeirobotern und technokratischen Dystopien.

Die Verflechtung von Neurologie und Technologie hätte unglaubliches Potenzial, wenn wir nicht wüssten, dass sich soziopathische Geheimdienste sofort in die Nutzung dieser Technologien einmischen würden. Die virtuelle Realität wäre großartig, wenn sie nicht dazu benutzt würde, Scheinwelten zu schaffen, in denen die Menschen unechte Waren kaufen können, damit der Kapitalismus weiter expandieren kann, während wir die reale Welt zerstören.

Zukunftsforscher haben viele der heutigen Innovationen richtig vorhergesagt. Was sie jedoch nicht voraussahen, war, dass diese Technologien dazu genutzt werden würden, den Mächtigen mehr Macht zu geben, während alle anderen weiterhin in einer zutiefst ungerechten Zivilisation zappeln und kämpfen müssen.

All dies ist nur der Fall, weil wir von Tyrannen regiert und von tyrannischen Systemen unterdrückt werden. In der Tat liegt es in unserer Macht, dies zu ändern.

Der Sprecher des Nationalen Sicherheitsrates der USA, John Kirby, warf Brasilien vor Kurzem vor, »zu suggerieren, dass die Vereinigten Staaten und Europa irgendwie nicht am Frieden interessiert sind«[1] – ein durchaus nachvollziebarer Einwand, wenn man die gesamte Geschichte der USA und Europas ignoriert.

Bild 45

Die USA und ihre Verbündeten wollen nicht, dass ihr Volk frei ist, sie wollen nur die *Geschichte* von der Freiheit, damit sie Angriffe auf »unfreie« Länder rechtfertigen können. Also machen sie eine Gratwanderung und versuchen, so viele westliche Freiheiten wie möglich zu untergraben und dennoch die Fassade aufrechtzuerhalten.

Es gibt dieses ständige Kalkül: »Wie viel Freiheit können wir unserem Volk nehmen und immer noch sagen, dass wir besser sind als Russland und China?« Und in letzter Zeit sind unsere Machthaber bis *ganz* an die Grenze gegangen: Inhaftierung von

Journalisten, Verfolgung von Dissidenten, Zensur des Internets und so weiter. Der Wunsch, den Menschen die Freiheit zu nehmen, ist für sie so verführerisch, dass es ihnen schwerfällt, den Spagat zwischen der Behauptung, frei zu sein, und der Aushöhlung der Freiheiten zu schaffen. Aus diesem Grund wird die Scharade des Imperiums immer offensichtlicher.

Sie geben vor, dass sie Dinge wie Redefreiheit und Demokratie als Zeichen einer gesunden Gesellschaft betrachten, aber das tun sie nicht. In Wirklichkeit sehen sie sie nur als Waffen der narrativen Manipulation, die gegen ihre Feinde eingesetzt werden können, während sie uns so wenig Freiheit und Demokratie wie möglich gewähren. In der Schule wird uns beigebracht, dass unsere Regierung unsere Freiheiten aufgrund der Werte, die unsere Gesellschaft vertritt, schützt; wenn wir in der Realität erwachen, stellen wir fest, dass unsere Regierung diese Freiheiten überhaupt nicht schätzt und sie lediglich als Propagandawaffen zur Durchsetzung ihrer eigenen Interessen betrachtet.

Und die Menschen im Westen glauben immer noch an diese Geschichte, das ist das Lustige daran. Mir wollen immer noch Leute erzählen, dass die Invasion im Irak etwas völlig anderes war als die Invasion in der Ukraine, weil die Situation beim Krieg im Irak die war, dass eine freie Demokratie eine Autokratie angriff, während es sich beim Krieg in der Ukraine so verhält, dass es eine Autokratie ist, die eine freie Demokratie angreift.

Die Menschen sollten nicht dafür bestraft werden, dass sie die Geheimnisse der Regierung preisgeben, sondern die Regierungen sollten dafür bestraft werden, dass sie Geheimnisse vor den Menschen haben.

In der US-Politik dreht sich alles immer mehr um die Frage, wie man sich gegenüber Transpersonen verhalten sollte, denn das ist eines der einzigen Themen, bei denen sich die beiden Parteien tatsächlich uneinig sind. Wenn man sich über Krieg,

Autoritarismus und kapitalistische Ausbeutung einig ist, gibt es nicht mehr viel zu diskutieren.

In allen Fragen, die die Interessen der wirklich Mächtigen berühren, sind sich die Parteien praktisch einig, während die intensiven emotionalen Debatten auf Fragen gelenkt werden, die den Mächtigen so oder so egal sind. Nur ein Idiot würde glauben, dass dies zufällig geschehen ist. Um Chomsky zu zitieren: »Der kluge Weg, die Menschen passiv und gehorsam zu halten, besteht darin, das Spektrum akzeptabler Meinungen streng zu begrenzen, aber innerhalb dieses Spektrums eine sehr lebhafte Debatte zuzulassen.«

Eine der am wenigsten diskutierten politischen Realitäten unserer Zeit ist die Tatsache, dass die allgemein als spirituelle Erleuchtung bekannte Veränderung in der eigenen Funktion (A) ein gut dokumentiertes Phänomen ist, das überall auf der Welt auftritt, und (B) alle Probleme unserer Welt lösen würde, wenn sie auf breiter Basis realisiert werden würde.

Bild 46

Es handelt sich hier nicht um eine durchgeknallte Theorie, von wegen: »Außerirdische könnten kommen und uns retten«. Forscher wie Jeffery A. Martin[2] haben dieses Phänomen klinisch untersucht und Berge von Daten gesammelt, die zeigen, dass es ein sehr reales Potenzial ist, das innerhalb unserer Spezies existiert.

Ich nenne dies eine politische Realität, weil es genau das ist: eine Realität, die unsere Politik gerade jetzt beeinflusst. Die Tatsache, dass unsere Spezies die Fähigkeit hat, ihre dysfunktionale Beziehung zum mentalen Narrativ zu überwinden, dies aber noch nicht getan hat, beeinflusst alles in unserer Welt.

Ohne unsere gestörte Beziehung zu mentalen Narrativen wäre es viel schwerer, uns durch Propaganda zu beeinflussen, und wir hätten nicht die psychologischen Fäden der Angst, Gier und Unzufriedenheit, an denen die Propaganda zieht. Das propagandistisch gesteuerte Herrschaftsmodell würde nicht mehr funktionieren. Um noch einmal Chomsky zu zitieren: »Propaganda ist für eine Demokratie das, was der Knüppel für einen totalitären Staat ist.«

Das Problem ist natürlich, dass das Potenzial zum Erwachen schon immer in der Menschheit vorhanden war, aber immer nur von einer kleinen Minderheit realisiert wurde. Was *jetzt* anders ist, ist, dass für uns als Spezies die Zeit gekommen ist, uns anzupassen oder zu sterben; entweder erwachen wir oder wir gehen den Weg der Dinosaurier.

Jede Spezies kommt irgendwann an einen Punkt, an dem sie sich entweder an die veränderten Bedingungen anpasst oder ausstirbt. In unserem Fall sind sowohl die »veränderten Bedingungen« als auch die Bedrohung des Aussterbens die Folge unseres eigenen Denkens: unsere umweltzerstörerischen Modelle der Ressourcenverteilung und unser Streben nach einem Atomkrieg. Entweder werden wir die notwendigen Anpassungen vornehmen, um weiterhin auf diesem Planeten leben zu können, indem wir unsere unheilvolle Beziehung zu mentalen Erzählungen aufgeben, oder wir werden es nicht tun. Ich persönlich glaube, dass wir die völlige Freiheit haben, diesen Test gemeinsam zu bestehen oder zu versagen.

Wir empfehlen: Ginkgo ist gut für die Intelligenz – weswegen Sie auf die künstliche Variante verzichten können!

16
Flucht aus dem Gefängnis der Mainstream-Kultur

24. Mai 2023

Viele Menschen wenden sich dem Konservatismus und der Religion zu, weil sie – zu Recht – zu dem Schluss gekommen sind, dass die Mainstream-Kultur eine betrügerische Mogelpackung ist, der es an Bedeutung und authentischen Werten fehlt. Ihre Lösungen sind fehlgeleitet, aber ihre Gründe entspringen der Wahrnehmung eines sehr realen Problems.

Es ist eigentlich nicht nötig, sich der Religion oder dem Konservatismus zuzuwenden, um Tiefe, Sinn und Bodenhaftung zu finden; Tiefe, Sinn und Bodenhaftung sind immer im Überfluss vorhanden. Aber in der westlichen Kultur ist das kaum zu erkennen, vor allem nicht im Mainstream.

Die Hinwendung zu Religion und Konservatismus als Reaktion auf den Verfall der Mainstream-Kultur ist nichts anderes, als die modernen Systeme der massenhaften Gedankenkontrolle durch die alten zu ersetzen. Es ist eine völlig unpassende Lösung für das Problem, aber man kann von Menschen nicht verlangen, weiterhin an einer Weltanschauung teilzuhaben, die ihnen rund um die Uhr die Seele aus dem Leib zu saugen scheint. Man muss ihnen etwas Authentisches anbieten, das sie nährt. Nichts in der liberalen Mainstream-Kultur bietet dies; sie ist offensichtlich falsch, seelenlos und fade.

Das können die Linken nicht einfach abtun. Es muss etwas angeboten werden, das diesen Bedürfnissen besser entspricht als die Mainstream-Kultur und die regressiven Glaubenssysteme, die in der Vergangenheit so viel Leid verursacht haben.

Es ist unglaublich, wie viel Geld die Amerikaner übrighaben, um im Ausland explodierendes Zeug in die Luft zu jagen. Ihr Gesundheitssystem und ihre Infrastruktur müssen wirklich phänomenal sein.

Bild 47

Der Kommunismus ist im Westen so irrelevant, dass westliche Rechte imaginäre kommunistische Bedrohungen erfinden müssen, vor denen sie sich fürchten können, indem sie vorgeben, dass zutiefst antikommunistische Institutionen wie die US-Demokraten und das Weltwirtschaftsforum kommunistisch sind oder dass »wokes« Zeug Kommunismus ist.

Wenn man imaginäre kommunistische Bedrohungen erfinden muss, um seiner Ideologie Sinn und Zweck zu verleihen, hat man eine dumme Ideologie. Sich im Westen eine Identität daraus zu formen, antikommunistisch zu sein, ist in etwa so, wie sich eine Identität daraus zu formen, gegen Dinosaurier zu sein. Hören Sie auf, sich lächerlich zu machen und tun Sie etwas Reales!

Kein normaler Mensch bittet um digitale IDs oder digitale Zentralbankwährungen. Sie werden ohne Nachfrage bereitgestellt und nutzen denselben Machtstrukturen, die sie uns zur Verfügung stellen.

Wenn eine vom Westen unterstützte ukrainische Offensive auf der Krim zu einer Reihe von Eskalationen führt, die in einem nuklearen Armageddon gipfeln, würden nur etwa 200 Menschen auf der ganzen Welt glauben, dass es das wert ist, und keiner von ihnen lebt auf der Krim.

So viel geht dadurch verloren, dass die modernen Wissenschaften und Universitäten die westliche Inlandspropaganda und ihre Auswirkungen nicht erforschen, weil sie die Existenz der westlichen Inlandspropaganda nicht anerkennen. Infolgedessen gibt es nirgendwo Studien oder Daten über die raffinierteste und weitreichendste psychologische Operation aller Zeiten. Und das liegt natürlich daran, dass unser akademischer Bereich von denselben Einflussinteressen beherrscht wird wie unsere Medien, die Technologie und jedes andere Mittel zur Kontrolle der Informationen, die westliche Menschen aufnehmen.

Bild 48

Dadurch sind wir nicht in der Lage, wissenschaftlich zu untersuchen, wie wir in großem Maßstab programmiert werden. Weil es keine Forschung und keine Daten gibt, können wir mit den meisten Menschen nicht einmal über das Wichtigste reden, was in unserer Gesellschaft passiert. Wenn man nicht unzählige

Stunden damit verbracht hat, die vielen Systeme der imperialen Informationsmanipulation zu erforschen, ist es schwer zu glauben, dass es überhaupt geschieht.

Das ist der einzige Grund, warum diejenigen, die über westliche Propaganda und Informationsmanipulation im Silicon Valley sprechen, als Verschwörungstheoretiker abgestempelt werden. Das liegt nicht daran, dass die Beweise für unsere Position in diesen Fragen nicht reichlich vorhanden sind, sondern daran, dass sie nicht offiziell anerkannt und untersucht werden.

Innenpolitische Propaganda ist der am meisten übersehene und unterschätzte Aspekt unserer Zivilisation, denn sie veranlasst die Menschen, so zu denken, zu sprechen, zu arbeiten, einzukaufen und zu wählen, dass der Status quo erhalten bleibt. Man sollte über sie promovieren können, aber man kann nicht einmal eine Doktorarbeit darüber schreiben.

Das Wichtigste, was Sie über unsere Gesellschaft wissen müssen, ist, dass all unsere Wege, die Welt zu verstehen, von mächtigen Leuten, die vom Status quo profitieren, aggressiv und kontinuierlich beeinträchtigt werden. Sie mischen sich aktiv in unsere Wahrnehmung der Realität ein.

Wir empfehlen: Weihrauch, gibts in Kapselform und ist ein Wundermittel für mehr Beweglichkeit!

17
Sie sind nicht mangelhaft, Sie werden nur von Idioten regiert

30. April 2023

Stress, Angstzustände und Depressionen nehmen zu[1], und das schon seit Jahren[2]. Studien haben ergeben, dass der Anstieg der Lebenshaltungskosten viel mit dieser Verschlechterung der psychischen Gesundheit zu tun hat[3], während andere es mit der weit verbreiteten Nutzung sozialer Medien in Verbindung gebracht haben[4], wobei die finanziellen und sozialen Belastungen, die sich aus den staatlichen Covid-Beschränkungen ergaben, sicherlich auch nicht geholfen haben[5].

Was niemand zu erforschen scheint, ist die Möglichkeit, dass all diese psychischen Probleme etwas mit der Tatsache zu tun haben, dass wir von Tyrannen regiert werden, die die Arbeiterklasse immer stärker ausschlachten, während sie die Köpfe der Menschen ständig mit weitreichenden Psyops[6] bearbeiten.

William Gibson sagte: »Bevor du dich selbst mit Depressionen oder geringem Selbstwertgefühl diagnostizierst, vergewissere dich zuerst, dass du nicht nur von Idioten umgeben bist.« Ich habe festgestellt, dass viele der Probleme, die ich zuvor auf Fehler in mir selbst und auf notwendige Schwierigkeiten, die in der Natur des menschlichen Lebens liegen, zurückgeführt hatte, schnell aus meinem Leben verschwanden, als es auch die Idioten taten.

Aber noch lohnender als darauf hinzuweisen, dass viele Ihrer vermuteten psychischen Probleme eher damit zu tun haben, dass Sie von Idioten umgeben sind, ist es, die Möglichkeit in Betracht zu ziehen, dass Sie tatsächlich von Idioten regiert werden. Von Tyrannen, die normalen Menschen das Leben unnötig schwer machen und sie psychologisch missbrauchen, damit sie ihre Situation für normal und angemessen halten.

Ein beliebter sozialistischer YouTuber namens Second Thought hat ein gutes neues Video mit dem Titel »Du bist nicht immun gegen Propaganda«[7] veröffentlicht, in dem er das Thema aus einem anderen Blickwinkel betrachtet, als Sie es vielleicht gewohnt sind. Second Thought betont die alltägliche Natur der Propaganda in unserer Gesellschaft, im Gegensatz zu ihren glänzenderen, bekannteren Einsätzen, wie der Herstellung von Zustimmung für die Irak-Invasion; die Art und Weise, wie unser Verständnis davon, wer wir sind und was unsere Werte sein sollten, manipuliert wird, so dass wir unsere Konflikte uns selbst zuschieben und nicht auf die neoliberalen Systeme der Unterdrückung, die die Moral der Menschen in der gesamten westlichen Zivilisation untergräbt.

Denken Sie darüber nach, welche Folgen es für die psychische Gesundheit hat, ständig mit der Botschaft bombardiert zu werden, dass Sie wie eine Maschine arbeiten müssen, und zwar unter den Bedingungen, die Ihr Arbeitgeber für angemessen hält, und für den Lohn, den er Ihnen anbietet, und dass Sie selbst das Problem sind, wenn Sie in dieser seelisch belastenden Umgebung nicht gedeihen können, und nicht das System, das eine solche ausbeuterische Beziehung zulässt. Ziehen Sie dann die Möglichkeit in Betracht, dass genau das geschieht.

Diese ununterbrochene Propaganda wird noch verstärkt durch den Gerechte-Welt-Glauben[8], eine kognitive Verzerrung, die die Menschen zu der irrigen Annahme veranlasst, dass jemand es verdient hat, wenn ihm etwas Schlimmes widerfährt. Dieser häufige Fehler im menschlichen Denken entsteht aus dem Bedürfnis heraus, das Gefühl zu haben, sein eigenes Leben kontrollieren zu können. Dieses Gefühl der Kontrolle erhalten Menschen, indem sie den Irrglauben vertreten, dass ihnen niemals etwas Schlimmes zustoßen wird, solange sie immer vernünftige Entscheidungen treffen. Kürzlich wies mich ein Twitter-Follower namens Joe Ligato darauf hin[9], dass dieser Trugschluss dazu führe, dass die Menschen sich selbst die Schuld für Probleme in ihrem Leben geben, die in Wirklichkeit durch ausbeuterische Systeme verursacht werden.

Manche Leute fragen sich, warum die allgemeine psychische Gesundheit so schlecht ist, während ich mich wundere, dass es nicht viel schlimmer ist. Es ist eigentlich erstaunlich, dass in einer Zivilisation, die von Ausbeutern und Missbrauchern beherrscht wird, die die Welt durch weitreichende psychologische Manipulation beherrschen, überhaupt noch jemand funktioniert. Es ist ein Beweis für die menschliche Widerstandsfähigkeit, dass *überhaupt jemand* zurechnungsfähig ist. Wenn der Verstand eines jeden Menschen ständig mit Botschaften bombardiert wird, dass man unzulänglich ist, wenn man in unserem Unterdrückungssystem nicht gedeihen kann, dass man fehlerhaft ist, wenn man nicht auf eine bestimmte Art und Weise aussieht, denkt und handelt, dass Armut normal ist und militärische Massenmorde akzeptabel sind, ist es ein Wunder, dass wir nicht alle durchdrehen.

Wenn das Bewusstsein aller Menschen ständig verzerrt und verdreht wird, um den Interessen der Mächtigen zu entsprechen und uns alle dazu zu bringen, so zu denken, zu sprechen, zu arbeiten, einzukaufen und zu wählen, wie es sie ihren Zielen näherbringt, ist es überraschend, dass wir nicht *mehr* Selbstmorde, *mehr* Massenerschießungen, *mehr* Drogenmissbrauch, *mehr* klinische Depression und Angstzustände erleben. In einer totalitären Dystopie, die durch massenhaften psychologischen Missbrauch zusammengehalten wird, ist es völlig verständlich, dass die Menschen von Verzweiflung, Entfremdung, Depression und Angst überwältigt werden.

Alles erscheint unecht, bedeutungslos und unnötig schwierig, *weil es so ist.* Das ist keine Aussage über die menschliche Natur oder die Natur des Lebens, sondern eine Aussage über die künstlich konstruierten Systeme, in denen wir derzeit leben. Systeme, die von Menschen aufgebaut wurden und von Menschen aufrechterhalten werden. Systeme, die auch von Menschen verändert und umstrukturiert werden können.

In der Zwischenzeit seien Sie bitte sanft mit sich selbst. Wenn Sie sich abmühen müssen, um über die Runden zu kommen, dann bestrafen Sie sich doch nicht auch noch selbst dafür. Wenn Sie sich unzulänglich fühlen, weil Sie den Maßstäben für Erfolg und Wertigkeit, die Sie anlegen, nicht gerecht werden können, nehmen Sie sich vielleicht etwas Zeit, um zu überlegen, wem diese Maßstäbe zugutekommen. Wenn es sich um die Art von Maßstäben handelt, die dazu beitragen, die Bevölkerung zu produktiven Zahnrädern der kapitalistischen Maschinerie zu machen, dann sind sie wahrscheinlich nicht der beste Maßstab, mit dem Sie Ihren Erfolg als Person messen können.

Es gibt keinen wirklichen Grund dafür, dass das Leben so schwierig sein muss. Es gibt keinen Grund, warum wir nicht für alle sorgen können, während der technologische Fortschritt uns allen immer mehr freie Zeit verschafft. Es gibt keinen Grund, warum wir nicht lernen können, in Zusammenarbeit miteinander und mit unserem Ökosystem zu leben, anstatt im Wettbewerb um den Nutzen einiger weniger Missbraucher an der Spitze. Es müssen nur genug von uns beschließen, dass wir das nicht mehr hinnehmen wollen.

Die Zeiten sind hart und sie werden noch härter, aber wir können das Ruder herumreißen. Bitte seien Sie in der Zwischenzeit nett zu sich selbst.

Wir empfehlen: Besser einen grünen Tee in Gemeinschaft als alleine Antidepressiva – nicht verzweifeln!

18
Unsere Systeme belohnen Dysfunktion und Zerstörung

19. Juni 2023

Unsere Zivilisation ist krank, weil alle ihre Systeme dafür sorgen, dass menschliches Verhalten von Profit bestimmt wird – und Gesundheit ist nicht profitabel. Niemand wird reich, wenn alle immer gesund bleiben. Das Räderwerk des Kapitalismus wird sich auch dann noch weiterdrehen, wenn die Bevölkerung durch schlechte Bildung und miserable, auf Profit ausgerichtete Kunst seicht und stumpf wird. Milliardäre werden nicht dadurch reich, dass man Wälder und Meere unberührt lässt, weniger konsumiert, weniger abbaut, weniger bohrt, weniger Energie verbraucht. Die Wirtschaft blüht nicht auf, wenn die Welt in Frieden lebt und die Nationen in Harmonie zusammenarbeiten.

Wenn man eine fortschrittliche KI so programmieren würde, dass sie das menschliche Verhalten einzig und allein darauf ausrichtet, mit den vorhandenen Technologien den größtmöglichen Profit zu erzielen, würde sich diese Welt nicht wesentlich von der realen unterscheiden. Wir werden von unreflektierten, gefühllosen Systemen gesteuert, denen das Wohl unseres Verstandes, unseres Herzens, unserer Gesundheit oder unserer Biosphäre egal ist und die alles opfern würden, um das eine Ziel zu erreichen, das sie sich gesetzt haben. Das ist einfach eine miese Art, eine Gesellschaft zu organisieren. Es funktioniert nicht und hat uns eine sterbende Welt voller verrückter Idioten beschert, die an mehreren Fronten auf ein nukleares Armageddon zusteuern. Unsere Systeme haben so spektakulär versagt, wie nur irgendetwas versagen kann.

Eigentlich ist es ganz einfach: Wir haben uns für den Kapitalismus als Status quo entschieden, weil er ein effizienter Weg ist, um viel zu produzieren und viel Wohlstand zu schaffen, aber jetzt produzieren wir zu schnell zu viel und die Gesellschaft wird von den Reichen versklavt. Deshalb werden jetzt neue Systeme benötigt.

Ein Großteil des modernen politischen Lebens besteht darin, dass die herrschende Klasse die Öffentlichkeit dazu verleitet, Dinge, die die herrschende Klasse nicht schätzt, gegen Dinge einzutauschen, die sie schätzt: Wir tauschen die wirkliche Revolution gegen das Gefühl, revolutionär zu sein. Wir tauschen die tatsächliche Freiheit und Demokratie gegen die Geschichte von der Freiheit und der Demokratie. Wir tauschen diejenigen Bürgerrechte, die unseren Herrschern selbst wichtig sind, wie freie Meinungsäußerung und Freiheit von Überwachung, gegen Kulturkämpfe über Rassismus und Transphobie. Wir tauschen echte Arbeit gegen imaginäres Geld. Auf jede erdenkliche Art und Weise werden wir dazu verleitet, reale Macht gegen leere Floskeln einzutauschen.

Ein Teil des Problems besteht darin, dass die Menschen in dieser bewusstseinsgesteuerten Dystopie nicht wissen, wie böse ihre Regierung ist, so dass die Vorstellung, dass ihre Regierung sie überwacht und ihre Sprache und ihren Zugang zu Informationen reglementiert, sie nicht so erschreckt, wie sie sollte. Deshalb ärgert es mich, wenn Leute sagen: »Hört auf, über Probleme zu reden, wir müssen über *Lösungen* reden!« Wir sind *so* weit davon entfernt, jemals Lösungen umsetzen zu können. Wir sind noch nicht einmal an einem Punkt angelangt, an dem eine nennenswerte Zahl von Menschen weiß, dass die Probleme existieren. Der erste Schritt ist die Schaffung eines Bewusstseins für die Probleme und ihre Ursachen, denn niemand wird sich umdrehen und einen Feind bekämpfen, von dem er immer noch glaubt, dass er sein Freund ist. Systemische Lösungen sind von diesem Punkt noch ziemlich weit entfernt.

Es ist inzwischen weithin bekannt, dass der freie Wille nicht annähernd in dem Maße existiert, wie die meisten Religionen, Philosophien und Rechtssysteme uns glauben machen wollen. Unser Verstand ist sehr leicht zu manipulieren und Propaganda ist sehr effektiv. Wenn Sie das nicht verstehen, haben Sie das Problem nicht verstanden. Beschäftigen Sie sich eingehend mit kognitiven Verzerrungen und deren Funktionsweise[1]. Schauen Sie sich die Forschungsergebnisse an, die zeigen, dass unsere Gehirne wissen, welche Entscheidungen wir treffen werden, und zwar mehrere Sekunden, bevor unser Bewusstsein weiß, dass wir sie treffen.[2] Wollen Sie mir erzählen, dass dies selbstbestimmte, freie Organismen sind? Um zu verstehen, womit wir es zu tun haben, muss man psychologische Manipulation verstehen, muss verstehen, wie effektiv sie ist und warum sie funktioniert, denn weitreichende psychologische Manipulation ist die entscheidende Gewalt, wenn es darum geht, die Öffentlichkeit daran zu hindern, sich in ihrem eigenen Interesse gegen unsere Herrscher zu wenden.

Die Trägheit und selbstzerstörerische Hoffnungslosigkeit der Menschen im Kampf gegen die Maschinerie rührt wohl daher, dass sie wissen, dass die großen politischen Aufbrüche der sechziger Jahre im Sande verlaufen sind. Aber ich glaube nicht, dass das der Fall wäre, wenn die Menschen verstehen würden, wie viel harte Arbeit die Maschinerie leisten musste, *damit* sie im Sande verliefen. Ich meine, wir alle wissen, dass das Ende von Aktivistenbewegungen nicht aus dem Nichts kommt, oder? Wir alle wissen von *COINTELPRO*[3]? Bekannte Fälle, in denen einer von sechs Aktivisten tatsächlich ein Bundesinfiltrator war?[4] Die Einführung der ausgeklügeltsten Propagandamaschine, die es je gegeben hat?

Die Energie, die das westliche Imperium in die Vernichtung des Fortschritts aller linken Bewegungen und der Antikriegsbewegung gesteckt hat, ist atemberaubend, aber die Leute glauben einfach, dass die Begeisterung von alleine nachgelassen hat, die Hippies zu Yuppies wurden und die Reagan-Administration von allein kam. So war es aber nicht. Daran mussten sie hart arbeiten.

Die Revolution ist nicht organisch verpufft, sie wurde aktiv abgewürgt. Was an ihrer Stelle verbleibt, ist diese defätistische Haltung. Die Menschen wollen eine gesunde Gesellschaft, glauben aber nicht, dass sie erreicht werden kann, das wird dann zu einer selbst erfüllenden Prophezeiung. Wir betreiben jetzt selbst COINTELPRO. [5]

Die Leute denken, dass wir die Macht unserer Masse nicht nutzen können, um das Entstehen einer gesunden Gesellschaft zu erzwingen, und dass wir keine verdienen, weil wir beim letzten Mal versagt haben. Aber wir haben nicht wissentlich, aufgrund unserer eigenen Fehler versagt, sondern wir wurden durch Manipulation an diesen Punkt gebracht. Und die Manipulatoren mussten sehr, sehr hart arbeiten, um das zu erreichen. Diese Bewegungen starben aus, weil die Maschine ganz klar verstand, dass sie sie mit extremer Aggression ausrotten musste, und genau wusste, was sie dafür tun musste, während die normalen Menschen im Dunkeln gelassen wurden. Ein Kampf ist nicht fair, wenn nur eine Partei davon weiß.

Die Maschine hat eine Schlacht gewonnen und alle tun so, als hätte sie damit den Krieg gewonnen. Das hat sie aber nicht. Wir können den Kampf wieder aufnehmen und wir können sie mit unserer Masse überwältigen. Wenn wir nur eine Ahnung davon hätten, wie hart sie arbeiten mussten, um diese eine Schlacht zu gewinnen, wäre das jedem klar.

Wir empfehlen: Denken Sie nicht, Sie seien verrückt, machen Sie ein wenig Yoga – und stärken so das bewusste Wahrnehmen!

19
Die totalitäre Dystopie ist bereits da

17. April 2023

Ich hatte einen Albtraum, in dem ich geheime Informationen durchsickern ließ und von Reportern der *New York Times* verhaftet und gefoltert wurde.

Das Ziel ist es, uns mit so viel Feindseligkeit wie möglich über Themen streiten zu lassen, die für unsere Machthaber so wenig Konsequenzen wie möglich haben. Es ist wirklich erstaunlich, wie erfolgreich sie damit sind.

Neulich habe ich ein Video gesehen, in dem ein Typ wütend eine Kiste Budweiser mit einem Monstertruck überfährt, aus Gründen, die mir nicht einleuchten, und alle schrien aufgeregt ihre Meinung dazu, und ich dachte nur: O mein Gott, wir sind total am Ende. Sie haben uns total eingewickelt.

Eine effektivere totalitäre Dystopie als die, in der wir uns gerade befinden, kann man nicht entwerfen. Eine, in der jeder durch Propaganda einer Gehirnwäsche unterzogen wird, ohne es zu wissen, in der jeder genau so denkt, handelt, wählt und einkauft, wie seine Herrscher es wollen, und dabei denkt, er sei frei.

Die Menschen machen sich Sorgen über technokratische Eskalationen wie zunehmende Überwachung, digitale Ausweise, digitale Zentralbankwährungen und so weiter und das zu Recht; diese Maßnahmen verleihen den Mächtigen ein größeres Maß an Macht über die Bevölkerung.[1] Aber viele stellen sich fälschlicherweise vor, dass eine künftige technokratische Dystopie, die durch diese Maßnahmen geschaffen wird, ganz anders aussehen würde als die Dystopie, in der wir uns jetzt befinden, und das ist einfach nicht der Fall. Diese Maßnahmen würden dazu beitragen, das derzeitige System *zu erhalten*, nicht aber, ein neues zu schaffen.

Die Menschen stellen sich totalitäre Dystopien als eine dunkle Bedrohung der Zukunft vor, weil sie nicht verstehen, wie zutiefst unfrei wir schon jetzt sind. Sie glauben, dass wir frei sind, weil wir selbst auswählen, was wir im Supermarkt kaufen, und den Präsidenten »Brandon« nennen können, aber das sind wir nicht. Sie stellen sich vor, dass unsere Herrscher eine große Verschwörung planen, um eine Dystopie zu schaffen, in der sie uns alle zwingen können, das zu tun, was sie wollen, und merken nicht, *dass wir uns bereits in einer Dystopie befinden, in der wir genau das tun, was sie wollen.* Diese Vorgehensweise kann wirklich nicht mehr verbessert werden. Sie müssen nur daran festhalten.

Mal im Ernst: Was könnten die Machthaber der westlichen Gesellschaft aus uns herausholen, was sie nicht schon haben? Es gibt keine nennenswerte politische Opposition, keine Antikriegsbewegung, keine antikapitalistische Bewegung, sehr wenig kritisches Denken – sie haben die totale Kontrolle. Alles, was wir in dieser Dystopie tun, ist darauf ausgerichtet, den Profit in die Kassen der Oligarchen und die Macht in die Hände der Imperialisten zu lenken, und alle Bemühungen, sich diesen Trichtersystemen zu widersetzen und sie zu ändern, wurden durch weitreichende psychologische Manipulation erfolgreich unterdrückt.

Diese totalitäre Dystopie sieht wie Freiheit aus, weil wir mehr oder weniger tun können, was wir wollen, während das, *was wir tun wollen,* durch weitreichende Manipulation kontrolliert wird. Das wird noch verstärkt, indem Systeme geschaffen werden, in denen das, was wir tun, wenig oder gar keine Auswirkungen hat. Selbst wenn wir eine tatsächliche Software in unseren Gehirnen hätten, die unseren Herrschern die totale und vollständige Kontrolle über unsere Gedanken gäbe, würden sie die Massen dazu bringen, mehr oder weniger so zu denken und sich so zu verhalten, wie sie es *jetzt* tun.

Die Hauptwaffe unserer totalitären Herrscher sind nicht Überwachung, Polizeiroboter, digitale IDs oder CBDCs (digitales Zentralbankgeld) – ihre Hauptwaffe ist Propaganda. Das System der massenhaften psychologischen Konditionierung, das sie geschaffen haben, ist mit nichts zu vergleichen, was es in der Geschichte je gegeben hat. Die Fähigkeit, eine sich anbahnende Revolution aufzuspüren und zu unterdrücken, ist der Fähigkeit, die Menschen durch psychologische Konditionierung davon abzuhalten, überhaupt an eine Revolution zu denken, weit unterlegen. *So* sieht echte Macht aus. *Das ist* totale Kontrolle.

Es handelt sich um eine Dystopie, deren Bewohner sich ganz nach dem Willen ihrer Herrscher richten, ohne jemals daran zu denken, dass sie nicht frei sind oder versuchen sollten, es zu werden.

Versuchen Sie, eine effektivere totalitäre Dystopie als diese zu entwerfen.

Es geht nicht. Sie ist perfekt.

Propaganda ist der eigentliche Mechanismus der Kontrolle, und den müssen wir bekämpfen, wenn wir uns jemals befreien wollen. Der einzige Weg aus dieser gigantischen Matrix psychologischer Kontrolle besteht darin, den Menschen zu zeigen, wie unfrei wir sind, wie sie getäuscht werden und wie viel besser die Dinge sein könnten. Öffnen Sie den Menschen die Augen für die Lügen, für die wahre Natur der politischen, bildenden und medialen Institutionen, die uns versklaven sollen, schwächen Sie das Vertrauen der Öffentlichkeit in die Propagandamaschine, und wir haben vielleicht den Anfang der Möglichkeit einer echten Veränderung. Bis dahin sind wir eingesperrt.

Wer für Sie ein antiautoritärer Held ist, sagt viel über Sie als Person aus. Wenn ich Sie bitte, sich jemanden vorzustellen, der gegen die Macht kämpft, und Sie an Tank Man oder Nawalny oder irgendeine historische Figur denken, anstatt an die lebenden Menschen, die gegen die Machtstruktur kämpfen, unter der Sie tatsächlich leben, dann bedeutet das, dass Sie die Lüge geschluckt haben, dass Ihre eigene Regierung und ihre Verbündeten im Hier und Jetzt gut und tugendhaft sind und dass der »Kampf gegen die Macht« etwas ist, das nur aus edlen Gründen in anderen Ländern oder zu anderen Zeitpunkten in der Geschichte geschehen konnte.

In Wirklichkeit ist die Notwendigkeit, »die Macht zu bekämpfen«, größer unter dem zentralisierten US-Imperium, das über jeden herrscht, der diese Worte liest, denn das zentralisierte US-Imperium ist derzeit die mörderischste und tyrannischste Machtstruktur der Welt.

Wenn ich Sie also bitte, sich eine antiautoritäre Figur vorzustellen, die Ihnen bei der Frage in den Sinn kommt, dann werden Sie, wenn Sie bei klarem Verstand sind, nicht an jemanden wie Tank Man, Nawalny, Gandhi, Mandela oder Martin Luther King denken. Sie werden sich jemanden wie Julian Assange vorstellen: jemanden, der die wahre Macht hier und jetzt bekämpft.

Wir empfehlen: Schlaftabletten vermeiden, denn Ausblenden macht es nur schlimmer – außer natürlich, Sie brauchen mal eine kurze Pause von dem Wahnsinn!

20
Das größte Problem der westlichen Linken ist, dass es sie nicht gibt

2. Juni 2023

Wenn man sich den linken Diskurs anschaut, könnte man meinen, dass das größte Problem der Linken darin besteht, dass einige Linke die falschen Überzeugungen zu diesem oder jenem Thema haben, oder dass die Linke der Identitätspolitik zu viel oder zu wenig Aufmerksamkeit schenkt oder dass sie zu viel oder zu wenig Wert auf die Wahlpolitik legt oder dass sie mit den Feinden des US-Imperiums zu sympathisch oder nicht sympathisch genug ist oder dass diese oder jene Fraktion alles falsch versteht – aber das ist nicht der Fall. Das größte Problem ist, dass es nicht einmal annähernd genug Linke gibt, um im Westen heute etwas zu erreichen.

Und mit Linken meine ich natürlich nicht Demokraten oder »Progressive« oder irgendjemanden, der sich nur ein paar Anpassungen im kapitalistischen Imperium wünscht, damit er sich Medikamente oder einen Hochschulabschluss oder was auch immer leisten kann. Ich meine echte Sozialisten, Kommunisten und Anarchisten, die den Kapitalismus und den Imperialismus ablehnen und die drastischen, revolutionären Veränderungen anstreben, die diese Zivilisation dringend braucht. Diejenigen, die verstehen, dass das System nicht kaputt und reparaturbedürftig ist, sondern genau so funktioniert, wie es beabsichtigt ist, und dass es vollständig auseinandergenommen werden muss.

Die letztgenannte Kategorie hat in der westlichen Welt kaum noch eine Bedeutung. Die »westliche Linke« in der heutigen Zeit ist entweder eine kontrollierte Opposition oder läuft auf ein verherrlichtes Online-Nachrichtenbrett hinaus. Das ist nicht unsere Schuld; das Imperium hat massiven Reichtum und Aufwand in diese Entwicklung gesteckt. Aber wir müssen uns darüber im Klaren sein und wir müssen es ändern.

Es ist für mich einfach unfassbar, dass dies nicht immer im Zentrum jeglichen linken Diskurses steht. Die Tatsache, dass die westliche Linke eine winzige, politisch ohnmächtige Minderheit ist, die bei Weitem nicht die nötigen Zahlen hat, um ihre Ziele zu erreichen, ist mit großem Abstand das Bemerkenswerteste an der westlichen Linken.

Ich meine, wenn Sie ein General wären, der in den Krieg zieht und nur eine Handvoll Soldaten hat, um gegen eine ganze feindliche Nation zu kämpfen, dann wäre das bei Weitem Ihre größte Sorge. Sie würden Ihre Zeit nicht damit verbringen, über militärische Strategien oder die Geschichte des Reiterkampfes zu diskutieren, und Sie würden sicherlich nicht Ihre Energie darauf verschwenden, gegen diejenigen zu kämpfen, die im Grunde auf Ihrer Seite sind. Im Mittelpunkt Ihrer Gedanken stünde, dass Sie nicht genug Truppen haben, um diesen Krieg zu führen, und die Frage, woher Sie Nachschub kriegen können.

Bild 49

Wenn Sie ein Architekt wären, der mit dem Bau eines Wolkenkratzers beauftragt wurde, Ihre Arbeitskräfte kämen und da stünde nur ein Typ mit einem Plastikspielzeughammer, dann würden Sie sich primär darauf konzentrieren. Sie würden nicht über Ihren Plänen und Architekturtheorie-Büchern brüten und über die Feinheiten der Fundamentintegrität nachdenken, sondern Sie würden versuchen, herauszufinden, wie Sie mehr Arbeiter dazu bringen können, das verdammte Ding zu bauen.

Man sollte also meinen, dass dies auch bei der westlichen Linken der Fall wäre, weil wir uns mehr oder weniger in der gleichen Situation befinden. Aber das ist nicht der Fall. Wenn man sich die Schriften vieler westlicher Linker anschaut, könnte man meinen, dass der beste Weg, seine Ideologie in der Welt durchzusetzen, darin besteht, seine Zeit damit zu verbringen, mit anderen Linken unter Verwendung eines esoterischen marxistischen Jargons über obskure Punkte zu streiten, die niemand außerhalb ihrer winzigen Blase kennt oder sich für sie interessiert. Oder sich selbstgefällig zurückzulehnen und mit besserwisserischer Miene darauf zu warten, dass die dem Kapitalismus innewohnenden Widersprüche seinen Untergang herbeiführen.

Was das Organisieren und Demonstrieren angeht, sieht es nicht viel besser aus. Da gibt es spärlich besuchte Versammlungen mit zunehmend atomisierten Sekten, Antikriegsproteste mit einer Handvoll Menschen und einem Banner und ein paar schwarz gekleidete LARPer (Live-action-role-player), die hier und da auf Rassisten und Transphobe einschlagen, um so zu tun, als wären sie Teil einer echten Revolution gegen eine reale Macht. Also im Grunde gar nichts.

Das erste und wichtigste Ziel der westlichen Linken sollte es sein, dafür zu sorgen, dass es mehr westliche Linke gibt. Das erreicht man nicht, indem man all die »richtigen« Meinungen vertritt und all die »richtigen« Bücher liest und sich selbst in einer Diskussion nach der anderen als Vertreter der besten Meinung erweist, man erreicht es auch nicht, indem man darauf wartet, dass sich die materiellen Bedingungen im Westen verschlechtern wie ein Haufen Fundamentalisten, die auf die Entrückung warten. Man schafft es, indem man auf Menschen zugeht, ihre Herzen und ihren Verstand für sich gewinnt, ihnen zeigt, dass alles, was ihnen über ihre Nation und ihre Welt beigebracht wurde, Lügen sind, und ihnen zeigt, dass es besser werden kann.

Natürlich habe ich nicht alle Antworten darauf, wie dieses Dilemma gelöst werden kann, ich weise nur auf ein massives, eklatantes Problem hin, das nicht einmal den kleinsten Bruchteil der Aufmerksamkeit bekommt, die es verdient hat. Ich gehe dieses Problem mit meiner eigenen Arbeit an, so gut ich kann, aber ich bin nur eine Person mit einer Meinung. Ich hoffe, dass sich in Zukunft noch viel mehr Menschen mit diesem Problem befassen werden, damit wir uns alle zusammen Wege ausdenken können, um es zu lösen.

Wir empfehlen: Nehmen Sie ein heißes Bad, entspannen Sie und schauen Sie der Wahrheit tapfer ins Auge!

21
Niemand muss sich zwischen Glück und Information entscheiden

12. Mai 2023

Ich schreibe hier über einige sehr düstere Dinge und es ist nicht unüblich, dass Leser angesichts der von mir behandelten Themen mit Verzweiflung reagieren.

Das ist durchaus verständlich. Nicht nur steuert unsere Welt auf ein nukleares Armageddon und einen ökologischen Kollaps zu, während ein zunehmender Autoritarismus unsere Fähigkeit bedroht, überhaupt miteinander über diese Dinge zu reden, sondern die meisten Menschen sind sich dessen auch gar nicht erst bewusst. Selbst relativ politisch engagierte Menschen neigen dazu zu glauben, dass die größten Probleme der Gesellschaft Dinge wie Sexismus oder Drag-Shows sind, und sie unterstützen in der Regel eine der beiden politischen Mainstream-Parteien, die uns beide in den Untergang treiben.

Und das liegt natürlich daran, dass wir in einer bewusstseinsgesteuerten Dystopie leben[1], in der alles unecht und dumm ist.[2] Die westliche Zivilisation wird von einer Machtstruktur beherrscht, die mehr in »Soft Power« (psychologische Manipulation ganzer Massen) investiert hat als jede andere Machtstruktur in der Geschichte. Sie durchdringt unsere Medien, unsere Internetdienste, unsere Kunst – buchstäblich die gesamte Mainstream-Kultur.

Die Politiker lügen, die Nachrichtenmedien lügen, die Filme lügen, das Internet lügt, die Werbung lügt, die Sendungen zwischen der Werbung lügen. Sie lügen über unsere Welt, sie lügen über unsere Regierung, sie lügen darüber, was wichtig ist, wie wir denken sollen, was wir schätzen sollen und wie wir unseren Erfolg und unsere Würde als Menschen messen sollen. Das hat man davon, wenn man in einer Zivilisation lebt, die aus Lügen besteht, in einem Imperium, das von Lügen zusammengehalten wird.

Da ist es nur natürlich, dass Menschen, die das erkennen, in Verzweiflung geraten. Wenn man zum ersten Mal das Lügengebäude durchbricht und zu verstehen beginnt, was wirklich vor sich geht, kann das zunächst sehr unangenehm sein. Es fühlt sich so an, wie man sich als klardenkender Mensch in weniger aufgeklärten Zeiten gefühlt haben muss, als unsere Zivilisation noch von Religion und Aberglauben beherrscht wurde. Einsam. Deprimierend. Wie Terence McKenna sagte: »Der Preis der Vernunft in dieser Gesellschaft ist ein gewisses Maß an Entfremdung.«

Aber es wird besser. Zumindest, wenn Sie es zulassen.

Es ist nicht so, dass sich die Gesellschaft weniger betrügerisch anfühlt (das tut sie nicht), und es ist nicht so, dass man sich daran gewöhnt, wie falsch und unehrlich alles ist (das tut man nicht). Dinge wie politische Gespräche, Filme, Preisverleihungen für Prominente, sogar die Witze, die Komiker erzählen, werden immer noch als aus einer rückständigen Traumwelt stammend empfunden, deren Umstände sich völlig von der wachen Realität unterscheiden, und der Geruch von Propaganda-Gehirnwäsche durchdringt immer noch alles. Aber es wird besser.

Was besser wird, ist, dass Sie, sobald Sie Ihren Verstand von der Matrix der imperialen Gedankenkontrolle losgelöst haben, nicht mehr an den Orten nach Glück, Verbindung und Zufriedenheit suchen, auf die die Matrix Sie trainiert hat. Sie bekommen Ihr Selbstwertgefühl nicht mehr davon, wie erfolgreich Sie ein fleißiger Rädchendreher der kapitalistischen Maschine sein können oder wie sehr Ihr Körper dem angeblichen Ideal aus der Werbung entspricht. Sie bekommen nicht davon ein Gefühl der

Befriedigung, wie viel Anerkennung Sie von den Bewohnern einer geisteskranken Gesellschaft gewinnen können. Sie finden keine Verbindung mehr in falschen Stammesloyalitäten oder im gemeinsamen Genuss des Büfetts geisttötender Unterhaltung, das uns vom Imperium serviert wird. Sie suchen ihr Glück nicht mehr im Streben nach neuen Dingen, die man besitzen und konsumieren kann, oder in wertlosen neuen Zielen, die man erreichen kann.

Stattdessen beginnen Sie zu erkennen, dass wir, so verworren und trostlos unsere Zivilisation auch ist, immer noch in einer erstaunlich schönen Welt leben, deren Schönheit so viel größer und älter ist als all der konzeptionelle Mist, den wir auf die menschliche Erfahrung gehäuft haben. Man beginnt, Freude an den realen Dingen zu finden. Die donnernde Majestät der Natur. Der Funke der Authentizität in den Augen von Menschen. Das Knistern der Magie auf dem Bahnhof. Etwas so Einfaches wie ein Stück Müll, das das Licht genau richtig einfängt, kann einen vor Freude gurren und kichern lassen wie ein kleines Kind.

Und man lernt, auf diese Weise zu leben. Man gewöhnt sich an das Verständnis, dass das Leiden und die Missstände in unserer Welt zwar sehr real und von immenser Tragweite sind, dass aber *die Tatsache, dass es überhaupt etwas gibt,* viel bedeutender ist als jedes unserer kleinen menschlichen Probleme. Die Tatsache, dass wir in diesen Körpern leben und diese Hirne bewohnen und uns auf diesem erstaunlichen Planeten bewegen und ihn wahrnehmen und über ihn nachdenken können, ist eine viel, viel größere Sache als alle unsere Schwierigkeiten.

Um Ihnen zu verdeutlichen, worauf ich hinauswill, stellen Sie sich vor, Sie würden nichts erleben. Stellen Sie sich vor, Sie wären nur ein körperloses Bewusstsein, nicht in der Lage dazu, etwas zu sehen, zu hören, zu fühlen, zu berühren, zu schmecken oder zu riechen. Keine Gedanken zu denken, keine Gefühle zu fühlen.

Dann stellen Sie sich vor, dass Sie nach einer Ewigkeit in diesem Zustand, plötzlich diese Welt erleben können. All die Sehenswürdigkeiten, Klänge, Gefühle, Schönheit. All die Gedanken, Worte, Kreativität, Verbindungen, Beziehungen. Stellen Sie sich vor, wie überwältigend das ist. Wie beglückend. Wie wertvoll.

Was, glauben Sie, würde Ihnen dann wichtiger erscheinen: das Erscheinen der Welt und Ihre Fähigkeit, sie zu erleben, oder die Tatsache, dass es in der Welt Probleme zu lösen gibt?

Diese Wertschätzung dafür, wie wunderbar es ist, *zu sein*, verdrängt die Fixierung auf die Details, die früher im Vordergrund Ihrer Aufmerksamkeit standen. Das hindert Sie nicht daran, das Leiden in der Welt zu erkennen – tatsächlich macht es Ihnen das sogar noch deutlicher bewusst.[3] Aber es verändert den Kontext, in dem es geschieht, denn es geschieht in einem viel größeren Rahmen, der nicht auf dieses Leiden beschränkt ist.

Sie können also durchaus ein glückliches, zufriedenes Leben führen, mit dem Bewusstsein, was in unserer Welt wirklich vor sich geht. Tatsächlich wird die Hingabe zur Suche nach der Wahrheit, die es Ihnen ermöglicht, zu verstehen, was in der Welt vor sich geht, Sie auch zu Frieden und Glück führen, wenn Sie diese Erkundung innerlich weiterführen. Sie müssen nur aufhören zu versuchen, Ihr Glück und Ihre Zufriedenheit dort zu suchen, wo unsere *Bullshit*-Kultur es uns beigebracht hat.

Und dann finden Sie sie überall. Überall.

Wir empfehlen zum Schluss: Einen Schnaps zur Verdauung. Hilft bekanntermaßen nicht, aber was wären wir ohne Illusionen!

Anmerkungen

1. Westliche Nachrichtenmedien existieren, um Propaganda zu verbreiten

1. https://archive.is/uqe5A#selection-4561.84-4565.22 (aufgerufen am 04.08.2023)
2. https://en.wikipedia.org/wiki/Psychological_warfare (aufgerufen am 04.08.2023)
3. All In with Chris Hayes auf Twitter: »Bellingcat's @AricToler responds to Elon Musk fueling conspiracy theories about their online investigation group: «Elon Musk is getting garbage information because he's entirely flooded in this far-right info space.« https://t.co/qOVY3TcPRM« / X (aufgerufen am 04.08.2023)
4. https://twitter.com/allinwithchris/status/1659365682985746435 (aufgerufen am 04.08.2023)
5. https://twitter.com/jaketapper/status/1658625859404611584 (aufgerufen am 04.08.2023)
6. https://archive.is/mQXh6 (aufgerufen am 04.08.2023)
7. https://www.bellingcat.com/news/mena/2016/12/14/bana-alabed-verification-using-open-source-information/ (aufgerufen am 04.08.2023)
8. https://www.youtube.com/watch?v=R7MRWhZzL5k (aufgerufen am 04.08.2023)
9. https://www.bellingcat.com/news/mena/2016/12/14/bana-alabed-verification-using-open-source-information/ ; https://consortiumnews.com/2023/01/19/caitlin-johnstone-a-psyop-operator/ (aufgerufen am 04.08.2023)
10. https://www.mintpressnews.com/bellingcat-intelligence-agencies-launders-talking-points-media/276603/ (aufgerufen am 04.08.2023)
11. https://www.reuters.com/world/falling-debris-causes-fires-two-kyiv-sites-officials-2023-05-18/ (aufgerufen am 04.08.2023)
12. https://www.youtube.com/watch?v=SAHRLFs_e9k&t=21s (aufgerufen am 04.08.2023)
13. https://consortiumnews.com/2022/05/23/caitlin-johnstone-on-russians-raping-babies/ (aufgerufen am 04.08.2023)
14. https://consortiumnews.com/2022/08/12/caitlin-johnstone-ukraine-gets-cbs-to-retract-critical-report/ (aufgerufen am 04.08.2023)
15. https://responsiblestatecraft.org/2023/05/18/arms-industry-titan-nominated-for-prominent-think-tanks-board/ (aufgerufen am 04.08.2023)
16. Institute, die zur Erforschung, Entwicklung und Bewertung von politischen, sozialen und wirtschaftlichen Konzepten und Strategien gegründet werden.
17. https://www.cfr.org/bio/frances-fragos-townsend (aufgerufen am 04.08.2023)
18. https://www.cfr.org/board-directors (aufgerufen am 04.08.2023)
19. https://swprs.org/the-american-empire-and-its-media/ (aufgerufen am 04.08.2023)

20. https://www.caitlinjohnst.one/p/ten-times-empire-managers-showed?s=w (aufgerufen am 04.08.2023)
21. https://twitter.com/williamcraddick/status/995026256214179840?ref_src=twsrc%5Etfw%7Ctwcamp%5Etweetembed%7Ctwterm%5E995026256214179840%7Ctwgr%5E09b111753ca9b332833fd5f308fe372dd13f9fe3%7Ctwcon%5Es1_&ref_url=https%3A%2F%2Fcaitlinjohnstone.com%2F2023%2F05%2F20%2Fwestern-news-media-exist-to-administer-propaganda%2F
22. https://www.liberationnews.org/six-war-mongering-think-tanks-and-the-military-contractors-that-fund-them/ (aufgerufen am 04.08.2023)
23. https://responsiblestatecraft.org/2022/04/29/lockheed-ceo-on-excessive-govt-contracts-we-just-do-what-they-ask/ (aufgerufen am 04.08.2023)
24. https://www.opensecrets.org/federal-lobbying/clients/summary?cycle=2022&id=D000000104 (aufgerufen am 04.08.2023)
25. https://www.wired.com/story/pete-buttigieg-interview-god-beer-electric-mustang/ (aufgerufen am 04.08.2023)
26. https://www.vanityfair.com/news/2017/07/twitter-verification-problem (aufgerufen am 04.08.2023)
27. https://twitter.com/page88/status/843635850210549760 (aufgerufen am 04.08.2023)

Bild 1: https://is.gd/wXJ1uo (aufgerufen am 10.08.2023)
Bild 2: Nach einer Flut von Spott und Kritik löschte Jake Tapper den Tweet; siehe: https://thegrayzone.com/2017/09/07/war-cnn-jake-tapper-syria-bana-alabed/ (aufgerufen am 10.08.2023)
Bild 3: https://is.gd/67LkNQ (aufgerufen am 10.08.2023)
Bild 4: https://is.gd/V4Z4w5 (aufgerufen am 10.08.2023)
Bild 5: https://is.gd/sUE4zp (aufgerufen am 10.08.2023)

2. Das verdeckte Imperium der USA

1. Daniel Ellsberg (1931–2023) war ein US-amerikanischer Ökonom und Whistleblower, der entscheidend zur Aufklärung rechtswidriger Handlungen des Verteidigungsministeriums der Vereinigten Staaten und des Weißen Hauses beitrug. Durch seine Veröffentlichung der geheimen Pentagon-Papiere wurde 1971 die jahrelange Täuschung der US-amerikanischen Öffentlichkeit über wesentliche Aspekte des Vietnamkriegs aufgedeckt.
2. https://www.politico.com/news/magazine/2023/06/04/daniel-ellsberg-final-advice-00099639 (aufgerufen am 04.08.2023)
3. https://threadreaderapp.com/thread/1669470192798146562.html (aufgerufen am 04.08.2023)
4. https://www.sueddeutsche.de/politik/syrien-angriff-unerwartetes-lob-fuer-trump-1.3457738
5. https://nymag.com/intelligencer/2021/08/media-bias-biden-polls-approval-afghanistan-withdrawal.html (aufgerufen am 04.08.2023)
6. https://archive.is/r0o36 (aufgerufen am 04.08.2023)
7. https://archive.is/r0o36#selection-691.103-691.279 (aufgerufen am 04.08.2023)
8. https://archive.is/r0o36#selection-838.0-846.0 (aufgerufen am 04.08.2023)

Bild 6: https://is.gd/4ewQXv (aufgerufen am 10.08.2023)
Bild 7: https://www.nytimes.com/2023/06/14/world/europe/belarus-russia-nuclear-weapons.html (aufgerufen am 10.08.2023)
Bild 8: https://is.gd/bocqUl (aufgerufen am 10.08.2023)

3. Australien verschärft seine Zensur- und Propagandakampagne weiter

1. https://www.smh.com.au/politics/federal/social-media-giants-to-face-multimillion-dollar-fines-for-spreading-fake-news-20230623-p5dj07.html (aufgerufen am 04.08.2023)
2. https://twitter.com/caitoz/status/1673143022010376192 (aufgerufen am 04.08.2023)
3. https://humanevents.com/2023/05/26/breaking-woman-censored-by-twitter-in-australia-for-criticizing-male-breastfeeding (aufgerufen am 04.08.2023)
4. https://archive.is/fLWkn (aufgerufen am 04.08.2023)
5. https://consortiumnews.com/2023/01/08/caitlin-johnstone-unprovoked/ (aufgerufen am 04.08.2023); https://mate.substack.com/p/by-using-ukraine-to-fight-russia (aufgerufen am 04.08.2023); https://www.middleeasteye.net/opinion/russia-ukraine-us-invasion-paved-how (aufgerufen am 04.08.2023)
6. https://www.theguardian.com/news/datablog/2020/nov/13/australia-newspaper-ownership-is-among-the-most-concentrated-in-the-world (aufgerufen am 04.08.2023)
7. https://indaily.com.au/opinion/2020/03/10/australias-media-duopoly-tightens-its-control-of-your-story/ (aufgerufen am 04.08.2023)
8. https://twitter.com/rodrigoac7/status/1636017630107828225 (aufgerufen am 04.08.2023)
9. https://twitter.com/rodrigoac7/status/1636017630107828225 (aufgerufen am 04.08.2023)
10. https://caityjohnstone.medium.com/its-good-to-be-mean-to-war-propagandists-45d495a7b660 (aufgerufen am 04.08.2023)
11. https://csbaonline.org/about/contributors (aufgerufen am 04.08.2023)
12. https://en.wikipedia.org/wiki/Center_for_Strategic_and_Budgetary_Assessments#Background (aufgerufen am 04.08.2023)
13. https://consortiumnews.com/2023/06/05/caitlin-johnstone-15-reasons-why-media-dont-do-journalism/ (aufgerufen am 04.08.2023)
14. https://www.skynews.com.au/australia-news/defence-and-foreign-affairs/national-security-expert-ross-babbage-warns-strong-possibility-of-war-with-china-in-latest-book/news-story/04e79eb7593dfd7651f5423c49273502 (aufgerufen am 04.08.2023)
15. https://www.news.com.au/technology/innovation/military/military-analyst-ross-babbage-warns-australia-of-potential-war-with-china-in-coming-years/news-story/ccdcbcb3207b560df3d041c36ae40541 (aufgerufen am 04.08.2023)
16. https://www.skynews.com.au/opinion/andrew-bolt/running-out-of-time-xi-may-move-on-taiwan-in-next-few-years/video/69e13ae26888e54679c9e3c371be96d9 (aufgerufen am 04.08.2023)
17. https://caityjohnstone.medium.com/imperial-narrative-control-has-five-distinct-elements-d83917b804cf (aufgerufen am 04.08.2023)

18. https://www.caitlinjohnst.one/p/on-war-with-china-australia-is-caught (aufgerufen am 04.08.2023)

Bild 9: https://is.gd/1vH4LE (aufgerufen am 10.08.2023)
Bild 10: https://twitter.com/caitoz/status/1673143022010376192 (aufgerufen am 10.08.2023)
Bild 11: https://is.gd/8P4nZS (aufgerufen am 10.08.2023)
Bild 12: https://is.gd/RwB58L (aufgerufen am 10.08.2023)
Bild 13: https://is.gd/LWUpLi (aufgerufen am 10.08.2023)

4. Das Dümmste, was das Imperium uns glauben machen will

1. https://www.cspicenter.com/p/putin-nato-expansion-and-mcfauls (aufgerufen am 04.08.2023)
2. https://www.caitlinjohnst.one/p/imagine-if-china-did-to-the-us-what (aufgerufen am 04.08.2023)
3. https://twitter.com/caitoz/status/1652462402770984960 (aufgerufen am 04.08.2023)
4. https://www.middleeasteye.net/opinion/russia-ukraine-us-invasion-paved-how (aufgerufen am 04.08.2023)
5. https://jmss.org/article/view/76584 (aufgerufen am 04.08.2023)
6. https://caitlinjohnstone.com/2023/02/04/us-surrounds-china-with-war-machinery-while-freaking-out-about-balloons/ (aufgerufen am 04.08.2023)
7. https://news.antiwar.com/2023/04/27/house-china-committee-prepares-proposals-to-rapidly-arm-taiwan/ (aufgerufen am 04.08.2023)

Bild 14: https://is.gd/UsQZ2S (aufgerufen am 10.08.2023)

5. 15 Gründe, aus denen Mitarbeiter der Massenmedien wie Propagandisten handeln

1. https://fair.org/home/nyt-laments-forever-wars-its-editorials-helped-create/ (aufgerufen am 04.08.2023)
2. https://fair.org/home/with-people-in-the-streets-worldwide-media-focus-uniquely-on-hong-kong/ (aufgerufen am 04.08.2023)
3. https://www.theguardian.com/world/2003/sep/07/usa.theobserver (aufgerufen am 04.08.2023)
4. https://www.investopedia.com/billionaires-who-bought-publishers-5270187 (aufgerufen am 04.08.2023)
5. https://www.forbes.com/profile/graham/?sh=1f2190087481 (aufgerufen am 04.08.2023)
6. https://en.wikipedia.org/wiki/Adolph_Ochs (aufgerufen am 04.08.2023)
7. https://www.businessinsider.in/personal-finance/family/the-23-most-impressive-dynasties-in-america-today/slidelist/34752494.cms (aufgerufen am 04.08.2023)
8. https://johnmenadue.com/how-reagan-and-us-agencies-made-murdoch-a-king/ (aufgerufen am 04.08.2023)
9. https://books.google.com.au/books?id=6c3FkFx0-uoC&pg=PA7&lpg=PA7&dq=owning+a+tv+station+%22print+your+own+money%22&source=bl&ots=gZtW0xVZGh&sig=k4ULA8A0fCcEyrWlEh-4xVGZ6No&hl=en&sa=X&ved=2ahUKEwi-s9OniJTfAhXHZSsKHUAoCtUQ6AEwAHoECAcQAQ#v=onepage&q=owning%20a%20tv%20station%20

%22print%20your%20own%20money%22&f=false (aufgerufen am 04.08.2023)
10. https://www.youtube.com/watch?v=GjENnyQupow&feature=youtu.be (aufgerufen am 04.08.2023)
11. https://chomsky.info/199710__/ (aufgerufen am 04.08.2023)
12. https://caityjohnstone.medium.com/msm-smears-sanders-for-saying-msm-smears-sanders-e03cfb4c81b1 (aufgerufen am 04.08.2023)
13. https://fair.org/home/washington-post-ran-16-negative-stories-on-bernie-sanders-in-16-hours/ (aufgerufen am 04.08.2023)
14. https://www.youtube.com/watch?v=j6Ia02L1qQo (aufgerufen am 04.08.2023)
15. https://www.salon.com/2019/08/16/memo-to-mainstream-journalists-can-the-phony-outrage-bernie-is-right-about-bias/ (aufgerufen am 04.08.2023)
16. https://www.rollingstone.com/politics/political-commentary/bernie-sanders-washington-post-media-complaint-872349/ (aufgerufen am 04.08.2023)
17. https://www.racket.news/p/announcement-to-readers-im-moving (aufgerufen am 04.08.2023)
18. https://caityjohnstone.medium.com/reporter-quits-nbc-citing-networks-support-for-endless-war-7d1ca15cd2fc (aufgerufen am 04.08.2023)
19. https://pastebin.com/HGfyzzJ9 (aufgerufen am 04.08.2023)
20. https://www.huffpost.com/entry/american-patriots-would-k_b_827000 (aufgerufen am 04.08.2023)
21. https://therealnews.com/chedgesrealityassertspt2 (aufgerufen am 04.08.2023)
22. https://www.democracynow.org/2013/3/21/phil_donahue_on_his_2003_firing (aufgerufen am 04.08.2023)
23. https://archive.is/lTX67#selection-461.102-461.143 (aufgerufen am 04.08.2023)
24. https://www.thenation.com/article/archive/marc-lamont-hill-academic-freedom/ (aufgerufen am 04.08.2023)
25. https://books.google.com.au/books?id=FRO_00IXoT8C&pg=PT72&lpg=PT72&dq=%22in+the+run-up+to+the+war,+it+was+clear+that+iraq+was+a+land%22&source=bl&ots=k3BtYhjaCj&sig=ACfU3U3HAzH4ZVYfNt1v0rFIP6vFvYwWWg&hl=en&sa=X&ved=2ahUKEwicpsG5o6n_AhUkSGwGHSgOAc4Q6AF6BAgJEAM#v=onepage&q=%22in%20the%20run-up%20to%20the%20war%2C%20it%20was%20clear%20that%20iraq%20was%20a%20land%22&f=false (aufgerufen am 04.08.2023)
26. https://en.wikipedia.org/wiki/Richard_Engel (aufgerufen am 04.08.2023)
27. https://www.thenational.scot/news/16176527.revealed-mi5-vetted-bbc-staff-right-1990s/ (aufgerufen am 04.08.2023)
28. https://en.wikipedia.org/wiki/U.S._Agency_for_Global_Media (aufgerufen am 04.08.2023)
29. https://www.npr.org/people/770270513/john-lansing (aufgerufen am 04.08.2023)
30. https://www.caitlinjohnst.one/p/for-the-record-npr-absolutely-is (aufgerufen am 04.08.2023)
31. https://www.cjr.org/opinion/broadcasting_board_of_governors_house_trump.php (aufgerufen am 04.08.2023)

32. https://en.wikipedia.org/wiki/Access_journalism (aufgerufen am 04.08.2023)
33. https://caityjohnstone.medium.com/this-russia-afghanistan-story-is-western-propaganda-at-its-most-vile-abe6084845f2 (aufgerufen am 04.08.2023)
34. https://www.blackagendareport.com/us-officials-admit-theyre-literally-just-lying-public-about-russia (aufgerufen am 04.08.2023)
35. https://nypost.com/2023/04/20/biden-campaign-pushed-spies-to-write-false-hunter-laptop-letter/ (aufgerufen am 04.08.2023)
36. https://caityjohnstone.medium.com/confirmed-has-become-a-meaningless-word-in-mainstream-news-reporting-313848d30dd0 (aufgerufen am 04.08.2023)
37. https://twitter.com/TurncoatD/status/1396573622244757507 (aufgerufen am 04.08.2023)
38. https://archive.is/ACan9#selection-3797.0-3797.18 (aufgerufen am 04.08.2023)
39. https://www.businessinsider.com/the-biggest-private-donations-to-universities-by-individuals-2019-5#t-13-nike-co-founder-and-billionaire-philip-knight-donated-400-million-to-stanford-university-in-2016-3 (aufgerufen am 04.08.2023)
40. https://quincyinst.org/report/defense-contractor-funded-think-tanks-dominate-ukraine-debate/ (aufgerufen am 04.08.2023)
41. https://www.liberationnews.org/six-war-mongering-think-tanks-and-the-military-contractors-that-fund-them/ (aufgerufen am 04.08.2023)
42. https://swprs.org/the-american-empire-and-its-media/ (aufgerufen am 04.08.2023)
43. https://www.washingtonpost.com/archive/opinions/1993/10/30/ruling-class-journalists/761e7bf8-025d-474e-81cb-92dcf271571e/ (aufgerufen am 04.08.2023)
44. https://responsiblestatecraft.org/2021/09/03/politico-quietly-scrubs-lockheed-martin-from-national-security-newsletter/ (aufgerufen am 04.08.2023)
45. https://www.politico.com/news/2021/09/06/skunk-works-lockheed-martin-facility-509540 (aufgerufen am 04.08.2023)
46. https://www.military.com/video/aircraft/military-aircraft/northrop-grummans-2015-super-bowl-ad/4023069094001 (aufgerufen am 04.08.2023)
47. https://www.carlbernstein.com/the-cia-and-the-media-rolling-stone-10-20-1977 (aufgerufen am 04.08.2023)
48. https://ipfs.io/ipns/QmNqHuSVuufkBKK1LHtoUmKETobZriC1o5uoiXSoLX2i3K/how-the-cia-plants-news-stories-in-the-media/ (aufgerufen am 04.08.2023)
49. https://kommendetid.no/onewebmedia/Operation%20Mockingbird%20%E2%80%94%20The%20CIA%E2%80%99s%20History%20of%20Media%20Manipulation%20-HISTORY%20_%20by%20Lauren%20Von%20Bernuth%20_%20Medium.pdf
50. https://archive.is/g6jyp (aufgerufen am 04.08.2023)
51. https://edition.cnn.com/CNN/Programs/anderson.cooper.360/blog/2006/09/my-summer-job-nearly-20-years-ago.html (aufgerufen am 04.08.2023)
52. https://www.mintpressnews.com/tucker-carlson-biography-nicaragua-cia/279782/ (aufgerufen am 04.08.2023)

53. https://consortiumnews.com/2018/02/05/deep-state-veterans-find-new-homes-in-mainstream-media/ (aufgerufen am 04.08.2023)
54. https://twitter.com/mtaibbi/status/1382856410443186179 (aufgerufen am 04.08.2023)
55. https://www.levernews.com/the-defense-industrys-ukraine-pundits/ (aufgerufen am 04.08.2023)

Bild 15: Da Julian Assanges Twitter-Account gelöscht wurde, ist die Seite leider nicht mehr einsehbar; siehe https://www.dailydot.com/debug/julian-assange-twitter-delete/ (aufgerufen am 10.08.2023)
Bild 16: https://is.gd/YMjkkV (aufgerufen am 10.08.2023)
Bild 17: https://is.gd/6iQ3P8 (aufgerufen am 10.08.2023)
Bild 18: https://is.gd/kNMOU1 (aufgerufen am 10.08.2023)
Bild 19: https://is.gd/WjYVOf (aufgerufen am 10.08.2023)
Bild 20: https://is.gd/hDREiT (aufgerufen am 10.08.2023)
Bild 21: https://is.gd/x50VEy (aufgerufen am 10.08.2023)
Bild 22: https://is.gd/X2iYDA (aufgerufen am 10.08.2023)
Bild 23: https://is.gd/Syo3Rn (aufgerufen am 10.08.2023)
Bild 24: https://is.gd/bwPiTB (aufgerufen am 10.08.2023)
Bild 25: https://is.gd/pDEBeB (aufgerufen am 10.08.2023)
Bild 26: https://is.gd/E7UPTa (aufgerufen am 10.08.2023)
Bild 27: https://is.gd/nmcrxR (aufgerufen am 10.08.2023)
Bild 28: https://is.gd/kYklg1 (aufgerufen am 10.08.2023)

6. Liberale sind tyrannische Imperialisten: Notizen vom Rand der narrativen Matrix

1. https://www.caitlinjohnst.one/p/most-propaganda-looks-nothing-like (aufgerufen am 04.08.2023)
2. https://consortiumnews.com/2023/06/05/caitlin-johnstone-15-reasons-why-media-dont-do-journalism/ (aufgerufen am 04.08.2023)

Bild 29: https://is.gd/VfXJin (aufgerufen am 10.08.2023)

7. Für das Protokoll: NPR ist US-Staatspropaganda

1. https://twitter.com/NPR (aufgerufen am 04.08.2023)
2. https://twitter.com/RT_com (aufgerufen am 04.08.2023)
3. https://twitter.com/CGTNOfficial (aufgerufen am 04.08.2023)
4. https://twitter.com/PressTV (aufgerufen am 04.08.2023)
5. https://www.npr.org/2023/04/05/1168158549/twitter-npr-state-affiliated-media (aufgerufen am 04.08.2023)
6. https://www.npr.org/people/770270513/john-lansing (aufgerufen am 04.08.2023)
7. https://en.wikipedia.org/wiki/U.S._Agency_for_Global_Media (aufgerufen am 04.08.2023)
8. https://www.nytimes.com/1977/12/26/archives/worldwide-propaganda-network-built-by-the-cia-a-worldwide-network.html (aufgerufen am 04.08.2023)
9. https://fair.org/home/under-musk-twitter-continues-to-promote-us-propaganda-networks/ (aufgerufen am 04.08.2023)
10. https://en.wikipedia.org/wiki/Kevin_Klose (aufgerufen am 04.08.2023)

11. https://pressroom.rferl.org/a/release-klose-acting-president-rferl/24884087.html (aufgerufen am 04.08.2023)
12. https://en.wikipedia.org/wiki/Ken_Stern (aufgerufen am 04.08.2023)
13. https://www.radioworld.com/news-and-business/ken-stern-named-npr-ceo-klose-remains-president (aufgerufen am 04.08.2023)
14. Glenn Greenwald auf Twitter: »Totally: the best way for a news outlet like @NPR to show they're not beholden to the US government and are unbiased is to have the WH Press Secretary rise to her feet in defense of NPR and heap praise on their great reporting: https://t.co/ygTRFPMkiO« /X (aufgerufen am 04.08.2023)
15. https://pen.org/press-release/pen-america-calls-on-twitter-to-remove-state-affiliated-media-designation-from-nprs-twitter-account/ (aufgerufen am 04.08.2023)
16. https://www.npr.org/about-npr/178660742/public-radio-finances (aufgerufen am 04.08.2023)
17. https://www.caitlinjohnst.one/p/twitter-is-state-affiliated-media?s=w (aufgerufen am 04.08.2023)
18. https://philanthropynewsdigest.org/news/npr-receives-grants-totaling-17-million-for-digital-platform-expanded-coverage; https://www.cjr.org/criticism/gates-foundation-journalism-funding.php (aufgerufen am 04.08.2023)
19. https://www.youtube.com/watch?v=5tu32CCA_Ig (aufgerufen am 04.08.2023)
20. https://twitter.com/AP/status/1643765761159184384 (aufgerufen am 04.08.2023)
21. https://www.caitlinjohnst.one/p/elon-musks-twitter-is-still-us-state (aufgerufen am 04.08.2023)
22. https://twitter.com/RFERL (aufgerufen am 04.08.2023)
23. https://twitter.com/RadioFreeAsia (aufgerufen am 04.08.2023)
24. https://twitter.com/VOANews (aufgerufen am 04.08.2023)
25. https://twitter.com/BBCNews (aufgerufen am 04.08.2023)
26. https://twitter.com/abcnews (aufgerufen am 04.08.2023)
27. https://twitter.com/CBCNews (aufgerufen am 04.08.2023)
28. https://twitter.com/Spa_Eng (aufgerufen am 04.08.2023)
29. https://www.npr.org/2023/04/04/1167877216/dogecoin-elon-musk-twitter-logo (aufgerufen am 04.08.2023)
30. https://www.youtube.com/watch?v=34LGPIXvU5M (aufgerufen am 04.08.2023)

Bild 30: https://is.gd/dYUCFQ (aufgerufen am 10.08.2023)
Bild 31: https://is.gd/5WXFIr (aufgerufen am 10.08.2023)
Bild 32: https://is.gd/cGkfdY (aufgerufen am 10.08.2023)
Bild 33: https://is.gd/fYekZR (aufgerufen am 10.08.2023)

8. Washington sagt »Journalismus ist kein Verbrechen« und arbeitet gleichzeitig an der Kriminalisierung des Journalismus

1. https://www.theguardian.com/world/2023/apr/07/wsj-evan-gershkovich-charged-espionage-russia (aufgerufen am 04.08.2023)
2. https://www.democrats.senate.gov/newsroom/press-releases/schumer-mcconnell-joint-statement-regarding-the-wrongful-detainment-of-wsj-reporter-evan-gershkovich (aufgerufen am 04.08.2023)

3. https://www.wsws.org/en/articles/2023/05/01/hfqs-m01.html (aufgerufen am 04.08.2023)
4. https://caitlinjohnstone.com/2021/12/16/the-assange-case-explained-simply/ (aufgerufen am 04.08.2023)
5. https://content.time.com/time/specials/packages/article/0,28804,2034088_2034097_2035994,00.html (aufgerufen am 04.08.2023)
6. https://www.politico.com/blogs/on-congress/2010/08/schumer-no-media-shield-for-wikileaks-028392 (aufgerufen am 04.08.2023)
7. https://twitter.com/SenSchumer/status/1116403439657943041 (aufgerufen am 04.08.2023)
8. https://archive.is/jHBSn (aufgerufen am 04.08.2023)
9. https://truthout.org/articles/julian-assange-is-enduring-unbearable-persecution-for-exposing-us-war-crimes/ (aufgerufen am 04.08.2023)
10. https://www.politico.com/story/2017/12/19/tillerson-state-human-rights-304118 (aufgerufen am 04.08.2023)

Bild 34: https://is.gd/XcDbry (aufgerufen am 10.08.2023)
Bild 35: https://is.gd/F54Kdb (aufgerufen am 10.08.2023)

9. Mehrere US-Beamte am Welttag der Pressefreiheit mit US-Assange-Heuchelei konfrontiert

1. https://www.state.gov/secretary-antony-j-blinken-with-washington-post-columnist-david-ignatius-on-the-state-of-press-freedom-worldwide/ (aufgerufen am 04.08.2023)
2. https://www.whitehouse.gov/briefing-room/press-briefings/2023/05/03/press-briefing-by-press-secretary-karine-jean-pierre-31/ (aufgerufen am 04.08.2023)
3. https://youtu.be/jBp6pJosvjQ (aufgerufen am 04.08.2023)
4. https://caityjohnstone.medium.com/washington-says-journalism-is-not-a-crime-while-working-to-criminalize-journalism-ffb5c40b437a
5. https://www.state.gov/briefings/department-press-briefing-may-3-2023/ (aufgerufen am 04.08.2023)

https://caityjohnstone.medium.com/washington-says-journalism-is-not-a-crime-while-working-to-criminalize-journalism-ffb5c40b437a

10. Die USA könnten eine Trennung von Medien und Staat gebrauchen

1. https://thehill.com/homenews/administration/3944961-obama-era-doj-spokesman-matthew-miller-tapped-for-state-department-role/ (aufgerufen am 04.08.2023)
2. https://apnews.com/article/us-state-department-diplomacy-ned-price-6728385b18b29bab86ec7fd461658041 (aufgerufen am 04.08.2023)
3. https://archive.is/2SdqB#selection-1770.2-1793.58 (aufgerufen am 04.08.2023)
4. https://vianovo.com/people/matthew-miller (aufgerufen am 04.08.2023)
5. https://en.wikipedia.org/wiki/Karine_Jean-Pierre (aufgerufen am 04.08.2023)
6. https://en.wikipedia.org/wiki/Jen_Psaki (aufgerufen am 04.08.2023)

7. https://thehill.com/homenews/media/3943957-psaki-says-she-considers-herself-a-journalist/ (aufgerufen am 04.08.2023)
8. https://en.wikipedia.org/wiki/Sarah_Huckabee_Sanders#Career_after_the_White_House (aufgerufen am 04.08.2023)
9. https://en.wikipedia.org/wiki/Kayleigh_McEnany (aufgerufen am 04.08.2023)
10. https://www.nbcnews.com/politics/politics-news/networks-pass-sean-spicer-paid-contributor-role-n802781 (aufgerufen am 04.08.2023)
11. https://twitter.com/mtracey/status/1646614285995343876 (aufgerufen am 04.08.2023)
12. https://twitter.com/mtracey/status/1646669317000290304 (aufgerufen am 04.08.2023)
13. https://news.antiwar.com/2023/04/13/twenty-one-year-old-air-national-guardsmen-arrested-as-suspected-leaker/ (aufgerufen am 04.08.2023)
14. https://twitter.com/mtracey/status/1646597647187181568 (aufgerufen am 04.08.2023)
15. https://www.mintpressnews.com/bellingcat-intelligence-agencies-launders-talking-points-media/276603/ (aufgerufen am 04.08.2023)
16. https://www.npr.org/2023/04/12/1169269161/npr-leaves-twitter-government-funded-media-label
17. https://www.caitlinjohnst.one/p/for-the-record-npr-absolutely-is (aufgerufen am 04.08.2023)
18. https://en.wikipedia.org/wiki/Voice_of_America (aufgerufen am 04.08.2023)
19. https://www.voanews.com/a/twitter-criticized-over-government-funded-media-label-on-broadcasters-/7044618.html (aufgerufen am 04.08.2023)
20. https://twitter.com/BMarchetich/status/1645807366150168576 (aufgerufen am 04.08.2023)
21. https://www.cjr.org/opinion/broadcasting_board_of_governors_house_trump.php (aufgerufen am 04.08.2023)
22. https://www.youtube.com/watch?v=5tu32CCA_Ig (aufgerufen am 04.08.2023)
23. https://www.youtube.com/watch?v=34LGPIXvU5M (aufgerufen am 04.08.2023)

Bild 36: https://is.gd/HWpgjB (aufgerufen am 10.08.2023)
Bild 37: https://is.gd/sj7dKp (aufgerufen am 10.08.2023)
Bild 38: https://is.gd/qSozpp (aufgerufen am 10.08.2023)

11. Befreit diejenigen, die Missetaten der Regierung aufdecken, und sperrt diejenigen ein, die versuchen, sie zu vertuschen

1. https://jacobin.com/2023/04/ukraine-war-documents-leak-mainstream-media-joe-biden-administration (aufgerufen am 04.08.2023)
2. https://www.youtube.com/watch?v=BesXzq2Cdlg (aufgerufen am 04.08.2023)
3. https://twitter.com/aaronjmate/status/1645565986513518594; https://twitter.com/bidetmarxman/status/1646176686227193857 (aufgerufen am 04.08.2023)
4. https://twitter.com/defendassange/status/893597432965062656 (aufgerufen am 04.08.2023)

Bild 39: https://is.gd/DRfooE (aufgerufen am 10.08.2023)
Bild 40: Da Julian Assanges Twitter-Account gelöscht wurde, ist die Seite leider nicht mehr einsehbar; siehe https://www.dailydot.com/debug/julian-assange-twitter-delete/ (aufgerufen am 10.08.2023)

12. Ideologische Echokammern machen uns alle dumm

1. https://edition.cnn.com/2023/05/11/media/cnn-town-hall-donald-trump-reliable-sources/index.html (aufgerufen am 04.08.2023)
2. https://www.businessinsider.com/elon-musk-linda-yaccarino-new-twitter-ceo-world-economic-forum-2023-5 (aufgerufen am 04.08.2023)
3. https://newrepublic.com/article/172523/think-tanks-foreign-money-transparency (aufgerufen am 04.08.2023)
4. »*shitlib*« ist eine herablassende Bezeichnung für amerikanische Liberale. (Anm. d. Übers.)

13. Der Kreml hat sich nicht selbst getötet

1. https://www.cnbc.com/2023/05/04/did-russia-stage-the-kremlin-drone-attack-it-blamed-on-ukraine-.html (aufgerufen am 04.08.2023)
2. https://twitter.com/TheGrayzoneNews/status/1653476546244427826 (aufgerufen am 04.08.2023)
3. https://uk.news.yahoo.com/zelensky-travels-finland-meet-nordic-144046530.html (aufgerufen am 04.08.2023)
4. https://archive.is/zKlNJ (aufgerufen am 04.08.2023)
5. https://caityjohnstone.medium.com/ive-been-banned-from-facebook-for-sharing-an-article-about-false-flags-678c24358fde (aufgerufen am 04.08.2023)
6. https://twitter.com/mtracey/status/1489370596370755587 (aufgerufen am 04.08.2023)
7. https://www.caitlinjohnst.one/p/my-sources-corroborate-sy-hershs (aufgerufen am 04.08.2023)
8. https://declassifieduk.org/a-kingly-proposal-letter-from-julian-assange-to-king-charles-iii/ (aufgerufen am 04.08.2023)
9. https://nypost.com/2023/05/04/giant-penis-mowed-into-lawn-at-king-charles-coronation-bash-site/ (aufgerufen am 04.08.2023)
10. https://www.caitlinjohnst.one/p/its-good-when-idols-get-knocked-off (aufgerufen am 04.08.2023)

Bild 41: https://is.gd/tN9Wsp (aufgerufen am 10.08.2023)
Bild 42: https://is.gd/uuB6Lb (aufgerufen am 10.08.2023)

14. Es ist gut, wenn Idole von Podesten gestoßen werden: Notizen vom Rand der narrativen Matrix

1. https://archive.is/JHIbm (aufgerufen am 04.08.2023)
2. https://consortiumnews.com/2019/08/16/watch-cn-live-webb-on-epstein-and-the-guardian-the-nyt-and-wikileaks-episode-6-at-2pm-edt/ (aufgerufen am 04.08.2023)
3. https://www.mintpressnews.com/category/epstein-investigation/ (aufgerufen am 04.08.2023)
4. https://caityjohnstone.medium.com/imagine-if-china-did-to-the-us-what-the-us-is-doing-to-china-ce68280f45a1 (aufgerufen am 04.08.2023)

5. https://news.antiwar.com/2023/04/27/house-china-committee-prepares-proposals-to-rapidly-arm-taiwan/ (aufgerufen am 04.08.2023)
6. https://caitlinjohnstone.substack.com/p/the-single-dumbest-thing-the-empire (aufgerufen am 04.08.2023)
7. https://bylinetimes.com/2021/09/15/up-to-six-million-people-the-unrecorded-fatalities-of-the-war-on-terror/ (aufgerufen am 04.08.2023)

Bild 43: https://is.gd/TPMWTz (aufgerufen am 10.08.2023)
Bild 44: https://is.gd/2r5YXE (aufgerufen am 10.08.2023)

15. Tech wäre in Ordnung, wenn wir nicht von Monstern regiert würden: Notizen vom Rand der narrativen Matrix

1. https://www.smh.com.au/world/south-america/parroting-propaganda-us-blasts-brazil-for-welcoming-putin-envoy-20230418-p5d1au.html (aufgerufen am 04.08.2023)
2. https://www.researchgate.net/profile/Jeffery-Martin (aufgerufen am 04.08.2023)

Bild 45: https://is.gd/8Ykase (aufgerufen am 10.08.2023)
Bild 46: https://is.gd/raeJwZ (aufgerufen am 10.08.2023)

16. Flucht aus dem Gefängnis der Mainstream-Kultur

Bild 47: https://is.gd/pO1P9i (aufgerufen am 10.08.2023)
Bild 48: https://is.gd/GL7AW7 (aufgerufen am 10.08.2023)

17. Sie sind nicht mangelhaft, Sie werden nur von Idioten regiert

1. https://www.health.com/condition/depression/8-million-americans-psychological-distress; https://www.theguardian.com/news/2018/jun/04/what-is-depression-and-why-is-it-rising (aufgerufen am 04.08.2023)
2. https://www.theguardian.com/news/2018/jun/04/what-is-depression-and-why-is-it-rising (aufgerufen am 04.08.2023)
3. https://www.personneltoday.com/hr/cost-of-living-mental-health-stress-anxiety-and-depression/ (aufgerufen am 04.08.2023)
4. https://mitsloan.mit.edu/ideas-made-to-matter/study-social-media-use-linked-to-decline-mental-health (aufgerufen am 04.08.2023)
5. https://www.skynews.com.au/australia-news/new-review-reveals-covid19-pandemics-toll-on-depression-and-anxiety-as-australia-faces-looming-mental-health-crisis/news-story/1d8244b97c2d79ee8e6eea2acfffabb1 (aufgerufen am 04.08.2023)
6. https://en.wikipedia.org/wiki/Psychological_warfare (aufgerufen am 04.08.2023)
7. https://www.youtube.com/watch?v=dl2fnWIlDZg (aufgerufen am 04.08.2023)
8. https://en.wikipedia.org/wiki/Just-world_hypothesis (aufgerufen am 04.08.2023)
9. https://twitter.com/joeligato/status/1652100916013842432 (aufgerufen am 04.08.2023)

18. Unsere Systeme belohnen Dysfunktion und Zerstörung

1. https://www.caitlinjohnst.one/p/why-propaganda-works (aufgerufen am 04.08.2023)
2. https://www.wired.com/2008/04/mind-decision/ (aufgerufen am 04.08.2023)
3. https://en.wikipedia.org/wiki/COINTELPRO (aufgerufen am 04.08.2023)
4. https://www.truthdig.com/articles/infiltration-of-political-movements-is-the-norm-in-america/ (aufgerufen am 04.08.2023)
5. Das »Counterintelligence Program« war ein geheimes Programm des FBI, das zwischen 1956 bis 1971 existierte. Aufgabe war die systematische Überwachung und Störung von politisch aktiven Organisationen sowie Privatpersonen. Nachdem das Programm in den 1970er Jahren bekannt geworden war, wurde es zum Gegenstand parlamentarischer Untersuchungen.

19. Die totalitäre Dystopie ist bereits da

1. https://twitter.com/KanekoaTheGreat/status/1647752311564034048 (aufgerufen am 04.08.2023)

20. Das größte Problem der westlichen Linken ist, dass es sie nicht gibt

Bild 49: https://is.gd/iPiurl (aufgerufen am 10.08.2023)

21. Niemand muss sich zwischen Glück und Information entscheiden

1. https://www.caitlinjohnst.one/p/our-entire-civilization-is-fake-and (aufgerufen am 04.08.2023)
2. https://caitlinjohnstone.substack.com/p/bono-is-doing-illustrations-for-the (aufgerufen am 04.08.2023)
3. https://www.caitlinjohnst.one/p/look-with-both-eyes (aufgerufen am 04.08.2023)